VIRGILIA HESS

Ma grossesse m'a sauvé la vie

LEDUC

SOMMAIRE

Partie 1
Quand la vie bascule 11

Partie 2
Le parcours de la combattante 45

Partie 3
Donner la vie 107

Petite histoire pour ma fille 169

Annexes 175

Remerciements 195

À ma fille, Léna-Rose.

PARTIE 1

Quand la vie bascule

Une petite boule…

« On a deux vies. La deuxième commence quand on réalise qu'on n'en a qu'une. »
Confucius

– Dites-moi, vous aviez déjà cette petite boule la dernière fois ?
– Mmmh ?

Allongée sur la table d'examen, je ne saisis pas tout de suite de quoi la gynécologue me parle. Mon regard s'arrête sur le petit sapin posé sur son bureau, orné de décorations rouges et dorées.

C'est la fin de l'année 2022, j'ai trente-deux ans et j'attends avec impatience l'arrivée de mon bébé.

Nous sommes à deux jours de Noël et dans les rues de Paris flotte une atmosphère singulière, celle qu'on ne retrouve qu'une fois par an, à cette période : l'esprit de partage et de générosité. Les passants sont joyeux et on perçoit l'excitation dans les rues animées. Certains font leurs achats de dernière minute, courant d'une boutique à l'autre, chargés de sacs remplis de cadeaux soigneusement emballés. D'autres se préparent déjà à rejoindre leurs proches, impatients de partager des moments en famille. Sous les lumières qui scintillent partout en ville, chacun semble plongé dans cet esprit festif.

Les Parisiens prennent enfin leur temps, c'est l'époque de l'année où ils consentent à se laisser aller, happés par les mélodies des musiciens de rue qui jouent des airs de Noël et par les vitrines chatoyantes. Des odeurs flottent dans l'air glacé, enivrantes : les effluves de cannelle et de gingembre se mêlent à ceux des sapins fraîchement coupés. Quelques mètres plus loin, l'irrésistible parfum des gaufres sorties du four domine, mais aussi celui des marrons chauds et des friandises traditionnelles. Enceinte de cinq mois, perchée sur mon petit nuage, je laisse cette atmosphère de fête amplifier la magie qui m'enveloppe depuis l'été.

Malheureusement, il semble que la vie ait d'autres plans pour moi.

– Dans votre sein gauche. Je sens une boule. Je l'avais sentie le mois dernier ?

– Heu, non. Enfin, ça ne me dit rien. Vous ne m'aviez rien dit, en tout cas !

Ma gynécologue continue la palpation en silence. Je tourne la tête vers elle.

– Pourquoi… ? Qu'est-ce que c'est, exactement ?

– Oh, ce n'est sûrement rien, pas d'inquiétude. Pendant la grossesse, il est même fréquent d'observer de petits kystes ou des nodules dans la poitrine. La plupart du temps, c'est bénin et ça part tout seul après l'accouchement, voire avant ! Je vais quand même vous faire une ordonnance pour une échographie mammaire, histoire qu'on n'en parle plus. Demandez à ma secrétaire en partant, elle va vous trouver un rendez-vous au centre de radiologie d'à côté, elle les appellera pour vous.

Mon rendez-vous se poursuit normalement et se termine sur une note positive avec une échographie de mon bébé – ma petite princesse en pleine forme, qui semble déjà s'entraîner à la tétée en remuant la bouche.

J'ai toujours rêvé d'avoir une fille et j'étais aux anges lorsque le sexe nous a été annoncé, quelques semaines auparavant.

Je n'ai pas mis très longtemps à tomber enceinte et je mesure ma chance. Entre l'arrêt de la pilule après des années et mon endométriose, diagnostiquée il y a dix ans, je craignais que ce soit le parcours du combattant. Faux ! Un mois à peine après l'arrêt du traitement, bingo : test de grossesse positif !

Peu de temps avant, j'avais entamé un régime «spécial fille» (beaucoup de magnésium et de calcium) et, hasard ou pas, cela a fonctionné.

À ce moment encore, tout me sourit.

En amour, je suis comblée. J'ai rencontré Antony le 7 février 2020, juste avant l'épidémie de Covid. Nous travaillions alors tous les deux dans le 15e arrondissement de Paris, et comme j'y vivais, il est venu se confiner chez moi. Résultat, en deux mois de relation, j'avais l'impression de le connaître depuis des années. Très vite, nous sommes devenus inséparables, parlant déjà de nous pacser et même d'acheter une maison !

Sur le plan professionnel, tout va également pour le mieux. Journaliste météo et climat sur BFMTV, je suis titulaire depuis 2019 de la « pré-matinale » de la chaîne et des matinales des chaînes locales. Depuis le début de ma grossesse, je bénéficie d'horaires un peu plus adaptés (en temps normal, c'est réveil à 1 h 30 du matin cinq jours sur sept !) et j'arbore fièrement à l'antenne mon ventre qui s'arrondit de jour en jour, et mes longs cheveux bruns qui me balaient le dos.

Les fêtes de fin d'année se passent donc, avec leur lot de promesses pour 2023, et j'essaie de ne plus penser à cette petite boule que mon obstétricienne a découverte, même si je la sens désormais tous les jours sous la douche.

… aux contours flous

Le 3 janvier 2023, je me rends au cabinet de radiologie situé en face de la clinique où je dois accoucher, confiante.

Puisqu'il n'est pas question de réaliser une mammographie sur une femme enceinte (ou bien sauf cas de force majeure et avec la protection adaptée), j'aurai droit à une échographie – mais pas du ventre, pour une fois.

La radiologue désigne la table d'examen :

– Mettez-vous torse nu et allongez-vous, s'il vous plaît. Je suis à vous tout de suite.

J'acquiesce et, tandis qu'elle prépare ses instruments, je me déshabille avec précaution, de peur de réveiller Léna-Rose – mon bébé. Comme à son habitude en journée, ma fille est très calme, sans doute endormie.

Petite caresse sur mon ventre, puis je prends place sur la table et m'allonge en expliquant sereinement, avec une désinvolture un peu forcée, que je dois avoir un kyste, et que je viens vérifier par acquit de conscience, sur les conseils de ma gynécologue.

La radiologue m'écoute distraitement en étalant le gel échographique dont la texture dense et froide m'est si familière depuis le début de ma grossesse. Puis elle passe la sonde sur ma poitrine sans me regarder, les yeux fixés sur le moniteur à sa gauche.

Tout se déroule alors très vite : en l'espace de quelques secondes, la quiétude et la plénitude qui m'envahissaient depuis l'annonce de ma grossesse laissent place à un vent de panique quand je vois l'expression du médecin changer.

Elle regarde l'écran de retour tout en m'auscultant, songeuse. De mon côté j'essaie tant bien que mal de décrypter ce que j'y vois. Ces derniers mois, j'ai été habituée à contempler la silhouette de mon bébé sur l'écran de l'échographe, mais ce jour-là, l'image est pour moi totalement abstraite. Des courbes grises, mouvantes, formant un paysage inconnu, désertique, peuplé de formes aux contours flous.

Sans m'adresser le moindre mot, la radiologue repose la sonde et décroche son téléphone.

– Oui, dites-moi… Je suis avec ma petite patiente enceinte, là… Est-ce que vous pouvez lui trouver un rendez-vous pour une biopsie en urgence ?

Au bout du fil, il y a la secrétaire médicale, qui travaille dans la pièce à côté.

– Mmmh... Mince. Eh bien, essayez de déplacer l'une des patientes de jeudi, s'il vous plaît.

Elle raccroche.

Une biopsie ? Je crois bien qu'en trente-deux ans d'existence, c'est la première fois que j'entends ce mot-là. J'ai beau me creuser la tête, ça ne me dit strictement rien. Je n'ai pas le souvenir qu'une de mes amies, ou une femme de mon entourage et de mon âge, enceinte ou non, ait dû réaliser un jour cet examen.

Même si je n'ai alors aucune idée de ce qu'est une biopsie, je me doute bien que le caractère urgent ne présage rien de bon. Je lève les yeux vers elle et demande timidement :

– Heu, pardon, mais... C'est quoi, une biopsie ?

– C'est un examen qui se fait sous anesthésie locale, et qui consiste à prélever un peu de tissu dans une tumeur à l'aide d'une aiguille, pour ensuite être analysé.

Une tumeur ?!? J'ai une tumeur ?!?

Voilà comment j'apprends que la boule dans ma poitrine n'est ni un kyste ni un nodule comme mon obstétricienne l'avait envisagé, mais s'apparenterait davantage à une « tumeur ». Me voyant pâlir, la radiologue me rassure très vite : le mot fait peur, mais il faut savoir qu'une tumeur peut être tout à fait bénigne.

Je me fais aussitôt la réflexion – comme sans doute beaucoup d'autres avant moi – que si le mot me terrifie autant, c'est aussi en raison de ses résonances sinistres aux allures de prédiction : « tu meurs ».

Elle m'indique ensuite que les bords de la lésion sont «flous et irréguliers» et que sa taille dépasse deux centimètres, justifiant de réaliser cette fameuse biopsie. Contours flous et irréguliers, deux centimètres, biopsie… Ce qui semble tant préoccuper la radiologue est pour moi un complet charabia.

Mais le mot « tumeur », lui, continue de résonner dans ma tête.

Pendant ces trois jours qui précèdent le rendez-vous, c'est plus fort que moi : je sais que je ne devrais pas, mais je ne peux m'empêcher d'aller chercher des renseignements sur Internet à propos du déroulement d'une biopsie. Pour l'heure, aussi dérisoire que cela puisse paraître, ma seule préoccupation est de savoir si l'examen est douloureux.

Enfant, je n'ai jamais été une «chochotte», mais les aiguilles m'ont toujours terrifiée. Un souvenir me revient. Un jour, ma mère m'a emmenée chez le pédiatre pour un simple rappel de vaccin. Pendant que le médecin préparait la seringue, j'ai profité du fait qu'il avait le dos tourné pour claquer la porte du cabinet et prendre la poudre d'escampette. Je me revois courir dans la rue, en chaussettes, ma mère et l'assistante du pédiatre à mes trousses, criant mon prénom au loin. Quelle grande courageuse, n'est-ce pas ? Si j'avais su ce qui m'attendait des années plus tard…

En glanant des informations sur les sites et les forums, je fais surtout une autre découverte, qui me laisse sans voix. La définition du mot « biopsie » se conclut ainsi : « Les résultats obtenus sont utiles pour établir un diagnostic final : l'atteinte ou non d'un cancer. »

C'est la première fois que ce mot apparaît depuis la découverte de cette « petite boule » par ma gynécologue.

Cancer ? Un cancer ?

Mais qu'est-ce que c'est que cette histoire ? Pourquoi vient-on me raconter des horreurs pareilles alors que je suis enceinte ?

Il y a forcément une erreur : je ne peux pas avoir de cancer, puisque j'attends un bébé !

Cancer et bébé. Dans ma tête, ces deux mots s'excluent mutuellement.

Depuis le début de ma grossesse, mes inquiétudes ne portaient pas sur ma santé, mais uniquement sur le bon développement de mon bébé, et mes rendez-vous médicaux n'avaient été que des moments de joie, remplis de promesses, exclusivement consacrés à Léna-Rose, destinés à prendre de ses nouvelles, à surveiller sa croissance, à la voir bouger…

Et puis moi qui porte toute mon attention sur mon ventre, pourquoi vient-on soudain m'embêter avec mes seins ? Tout cela me paraît insensé, surtout à mon âge, sans aucun antécédent ni aucune sensation douloureuse, pas même un picotement...

À la suite de cette découverte, j'entreprends de nouvelles recherches sur Google, en tapant comme mots clés : « cancer enceinte ».

Et voici ce qui s'affiche sur mon écran : « La survenue (ou la découverte) d'un cancer pendant la grossesse est un événement très rare touchant 0,05 à 0,1 % des grossesses, soit 350 et 700 grossesses par an en France, associées avant tout à des cancers gynécologiques. »

Bon, visiblement, j'ai plus de chances de me prendre une météorite sur la tête ou de gagner au Loto ou à l'EuroMillions – Antony, mon conjoint, joue d'ailleurs régulièrement pour nous deux, et nous n'avons jamais rien gagné pour l'instant ! On se rassure comme on peut...

Le 6 janvier, je retourne donc au centre médical, relativement sereine, pour réaliser la fameuse biopsie.

J'ai décidé d'y aller seule. Ma mère et Antony m'ont bien proposé de m'accompagner, mais j'ai refusé. D'une certaine façon, cela me permet de prolonger encore un peu le déni : si j'embarque tout le monde dans cette histoire, cela deviendra « un sujet ». Y aller seule me donne le sentiment qu'il s'agit d'un rendez-vous anodin, qui sera très vite oublié, un peu comme si je descendais chercher le pain au coin de la rue.

D'ailleurs, à en croire mon entourage, je n'ai aucune raison de m'inquiéter : les quelques proches à qui j'en ai parlé m'ont rassurée en me disant qu'il est normal que les médecins accordent plus d'attention à une femme enceinte, et qu'il vaut mieux «faire trop d'examens que pas assez». Une amie a mis la forme suspecte de ma tumeur sur le compte des hormones : après tout, mon corps subit des bouleversements et ma poitrine a grossi depuis que je suis enceinte, cela n'a rien d'étonnant. Une autre m'a raconté avoir vécu une mésaventure similaire pendant sa grossesse, qui s'est heureusement bien terminée. Cependant, ils ont beau sembler confiants, tous gardent en tête la date à laquelle je dois recevoir mes résultats, et le nombre de messages que je recevrai ce jour-là me laisse penser qu'ils n'étaient pas si sereins que cela.

Avant de procéder au prélèvement, le médecin pratique une petite anesthésie locale et m'assure que ce ne sera pas long – l'affaire de quelques minutes, puis je pourrai rentrer chez moi. Sans être véritablement douloureux, l'examen se révèle malgré tout très désagréable. Les gestes du médecin sont doux et précis, mais elle doit s'y reprendre à plusieurs fois et piquer en différents points du sein pour prélever un échantillon de tissu suffisant pour établir le diagnostic.

Onze jours. C'est le temps, interminable, qu'il me faudra attendre avant de connaître les résultats. Mon rendez-vous fixé au 17 janvier en poche – assorti d'un court arrêt de travail –, je sors du cabinet, le sein recouvert d'un imposant pansement.

Moi qui espérais, en y allant seule pour ne pas en faire une affaire d'État, laisser ce rendez-vous derrière moi, tout m'y ramène et il m'est impossible de ne pas y penser.

De retour chez moi, je songe que le temps va me sembler très long. J'essaie de me concentrer sur mon bébé et sur ma grossesse, mais j'ai déjà le triste pressentiment qu'il y aura désormais un avant et un après.

Dès lors que les effets de l'anesthésie s'estompent, ma poitrine commence à m'élancer. Dans les jours qui suivent, un énorme hématome apparaît et les douleurs se font de plus en plus fortes, parfois intolérables, accompagnées de sensations de brûlure, comme si quelqu'un allumait un briquet dans mon sein.

C'est la première fois que ma poitrine me fait mal. Jusque-là, hormis cette petite boule indolore, rien ne laissait soupçonner qu'elle puisse abriter cette bête que l'examen semble avoir réveillée.

Nous profitons de mon arrêt maladie pour partir nous réfugier quelques jours sur le bassin d'Arcachon, chez les parents d'Antony, espérant que l'air marin et le changement de décor m'aideront à surmonter l'attente et à calmer mes angoisses. Mais là encore, tout me ramène à cette boule tapie dans mon sein, à ce feu qui couve et jaillit en éclairs de douleur.

Devant les autres, je m'efforce de faire bonne figure pour ne pas les inquiéter ou passer pour la casse-pieds de service. Parfois, au milieu d'une conversation avec le père ou la grand-mère d'Antony, je dois réprimer un cri de douleur qui me fait perdre le fil. J'ai le plus grand mal à me concentrer sur ce que l'on me dit, et toute discussion, même banale, devient un exercice d'équilibriste auquel je préfère ne pas me risquer.

Dans le miroir, le contraste entre l'énorme pansement et mon joli ventre de femme enceinte est intolérable, absurde. Incapable de penser à autre chose, je prie pour que mon bébé ne ressente pas mes peurs et ma tristesse, tout en gardant espoir : pour moi, il n'est pas envisageable de porter à la fois la vie et la maladie.

Paradoxalement, ces douleurs de plus en plus vives, lancinantes, m'aident aussi à me rassurer. Après tout, j'ai lu partout qu'un cancer du sein n'est pas douloureux. Quelque chose a peut-être mal tourné à la suite de l'examen ? Peut-être ai-je développé une infection ?

Anxieuse, j'appelle le centre de radiologie, qui me donne le numéro personnel de la radiologue, à qui je laisse un message. Celle-ci me rappelle au cours du week-end – est-ce le signe que je dois m'inquiéter ? Peut-être a-t-elle les résultats ? Elle me demande de toucher mon sein, pour voir s'il est chaud, ce qui serait un signe d'infection, et se montre rassurante.

La veille du verdict, je reprends le travail, à ma demande. J'explique à mes collègues que j'attends les résultats d'une biopsie pour le lendemain. Bien sûr, je suis un peu inquiète, mais tout devrait bien se passer et je viendrai travailler le surlendemain. « À mercredi ! » En prononçant ces mots à voix haute, c'est d'abord moi-même que j'essaie de convaincre : les résultats ne peuvent pas être mauvais, n'est-ce pas ?

Le couperet

« Seul l'arbre qui a subi les assauts du vent est vraiment vigoureux, car c'est dans cette lutte que ses racines, mises à l'épreuve, se fortifient. »
Sénèque

Ce 17 janvier, il fait très froid et c'est sous un ciel gris que je me dirige vers le centre de radiologie, accompagnée de ma mère – Antony travaille et ne peut être à mes côtés, mais il m'a promis de partir un peu plus tôt du bureau afin d'être dans les parages quand je sortirai de mon rendez-vous.

La secrétaire médicale nous installe dans la même petite salle où s'est déroulée ma biopsie, onze jours plus tôt, et nous lance d'un ton enjoué : « Vous connaissez les lieux, maintenant, vous avez l'habitude ! Je vous laisse patienter quelques minutes, le temps que le médecin arrive. Je connais les résultats, mais je suis désolée, je ne peux pas vous les donner, c'est au médecin de le faire ! Ne vous inquiétez pas, elle ne va pas tarder. »

Sa remarque et son ton léger m'apaisent et me redonnent confiance. Je lance un regard rassuré à ma mère, qui me sourit.

Mais notre soulagement est de courte durée.

C'est sans un mot, hormis un simple bonjour, que la radiologue nous rejoint dans la salle. Un silence qui en dit long et qui me fait instantanément comprendre que quelque chose ne va pas. À ce moment-là, je sais.

Pendant quelques secondes, elle consulte des documents, déplace l'échographe et sort du matériel, puis me demande de m'allonger sur la table d'examen pour procéder à une nouvelle échographie mammaire. Pendant que je me déshabille, on n'entend pas une mouche voler, au point que c'en est presque gênant.

Il ne s'agit pas d'un contrôle de routine, c'est évident. Si les résultats avaient été bons, la radiologue serait entrée en disant : « Bonjour mademoiselle Hess, bon j'ai eu vos résultats, tout va bien, ne vous inquiétez pas, hein, mais on va quand même jeter un coup d'œil pour contrôler la zone où on a fait la biopsie. »

Autre mauvais signe – plus insidieux, mais non moins révélateur –, en plus de ma poitrine, elle passe la sonde sous mon aisselle. Or mes quelques recherches sur Internet m'ont appris que dans le cas d'un cancer du sein, les ganglions axillaires (les ganglions lymphatiques situés au niveau des aisselles) peuvent être gonflés, signe d'un développement métastatique. Pourquoi regarderait-elle à cet endroit-là si les résultats de ma biopsie n'étaient pas inquiétants ?

Il y a quelque chose, je le sais, mais je n'ose pas poser la question. Le médecin ne dit rien non plus, tandis que je me rhabille sans un mot. Plus les minutes s'écoulent, moins j'ose me jeter à l'eau. Je veux retarder le plus possible le moment du diagnostic et savourer encore ces ultimes instants d'apparente insouciance avant que le couperet ne tombe. Même si à ce moment-là, dans ma tête, je pense « c'est foutu ».

Lorsqu'elle relève les yeux vers moi, son regard est bienveillant et plein de compassion. Après une courte hésitation, elle finit par se lancer :

– Ça va, vous n'avez pas froid ? Eh bien... Comme vous le savez, la dernière fois, nous avions vu une petite lésion au niveau de votre sein gauche, qui nous inquiétait un peu, c'est pourquoi j'ai réalisé une biopsie... Les résultats ont mis du temps à arriver, car le laboratoire doit procéder à des analyses complexes et... Nous avons reçu les résultats. Alors, malheureusement, c'est bien ce qu'on craignait... Ils ne sont pas très bons...

– C'est un cancer, c'est ça ?

– Oui, c'est un cancer. Vous voulez que je vous explique ?

Ensuite, c'est le black-out. Impossible de me rappeler quoi que ce soit. Mon cerveau s'est mis en off et je n'entends plus les mots qui sortent de la bouche du médecin, seulement un brouhaha.

Je sais que je pleure et que je lui fais répéter plusieurs fois, mais le choc et la sidération sont si violents que je suis incapable de me souvenir de ce qu'elle me dit ce jour-là.

Je sais aussi que je n'ose pas me tourner vers ma mère de peur de la voir pleurer, dévastée à l'idée de lui faire du mal, mais je sens sa main se poser sur ma cuisse, puis serrer très fort ma main.

Ça ne peut être qu'un cauchemar : on m'annonce que j'ai une maladie mortelle, et je sens en même temps la vie en moi, mon bébé qui me donne de petits coups. Mon principal objectif était de donner la vie, et voilà que je vais devoir me battre pour sauver la mienne.

Mon esprit s'emballe et je me sens tomber d'un gratte-ciel comme dans un mauvais rêve. Une chute interminable, inexorable, sans la moindre aspérité à laquelle me raccrocher, hormis la main de ma mère à laquelle je m'agrippe comme à une bouée de sauvetage. Ce dont on croit que « ça n'arrive qu'aux autres » est en train de m'arriver, et le choc est encore plus brutal que j'aurais pu l'imaginer. Dans ma chute, je pense à ce bébé que j'attends et que je ne verrai peut-être pas grandir.

Je sens s'ouvrir un énorme vide au creux de mon estomac, un trou noir en moi, comme si cette boule de malheur, initialement logée dans ma poitrine, était soudainement descendue dans mon ventre, tout près de mon bébé.

Ce dont je me souviens en revanche, c'est la remarque de la secrétaire médicale qui nous raccompagne. Pleine de sollicitude, elle me demande si tout va bien et ajoute maladroitement : « C'est horrible, ce qui vous arrive, ça nous fait beaucoup de peine. On en parlait avec les filles ce midi [les autres secrétaires médicales du service, je suppose] et on se disait que si jeune, et enceinte, en plus, c'est vraiment injuste... »

Ravie d'apprendre qu'on s'apitoyait sur mon sort déjà plusieurs heures avant que je sois moi-même au courant de mon cancer... Mais le fait est qu'en plus de la tristesse, ce sont d'abord des sentiments de colère et d'injustice qui m'envahissent.

Pourquoi moi ? Qu'est-ce que j'ai bien pu faire dans cette vie (ou dans une autre) pour mériter une telle punition ?

Pourquoi moi ?

> *« Si vous vivez un moment difficile, ne blâmez pas la vie. Vous êtes juste en train de devenir plus fort. »*
>
> **Gandhi**

Pendant quelque temps, les raisons et les causes de mon cancer m'ont hantée.

N'ayant pas de prédispositions génétiques, rien ne laissait présager cela, mais il doit bien y avoir une explication, non ? Qu'est-ce que j'ai bien pu faire de mal dans ma vie pour qu'un cancer du sein me tombe dessus, à seulement trente-deux ans, alors même que j'attends mon premier enfant ? Pourquoi mon corps, mes seins, m'ont-ils trahie, moi qui prenais tant soin d'eux ?

Inlassablement, j'ai refait le film de ma vie, afin de trouver le coupable, la chose, l'événement responsable de mon cancer.

Mes horaires décalés ? J'y ai aussitôt pensé, car un an et demi plus tôt, j'avais tiré la sonnette d'alarme auprès de ma direction. J'aime mon métier, il me passionne et je n'ai pas l'habitude de me plaindre, mais après toutes ces années à travailler (beaucoup) la nuit et à dormir (peu) le jour, mon corps commence à dire stop. Malheureusement, il n'y a pas d'opportunité en journée et je me résigne donc à conserver ces horaires en attendant qu'une place se libère.

Depuis, j'ai découvert que le travail de nuit avait été reconnu comme facteur de risque du cancer du sein, une infirmière ayant, pour la toute première fois, obtenu la reconnaissance de son cancer comme maladie professionnelle. Si j'avais su cela à l'époque, peut-être aurais-je insisté davantage.

Ou bien est-ce la conséquence d'un choc émotionnel, puisque la tumeur se trouve dans mon sein gauche – le côté du cœur ? Cette possibilité, peut-être irrationnelle, mais que je ne peux m'empêcher d'envisager, vient réveiller des souvenirs douloureux, encore vifs dans mon esprit.

Je repense avant tout au décès de mon grand-père, survenu moins de trois ans plus tôt, qui n'a cessé de me hanter depuis.

Dire que sa mort m'a bouleversée est un doux euphémisme. Elle me laisse à la fois orpheline et pétrie d'une culpabilité que je peine à surmonter.

Nous étions plus que proches : notre relation était fusionnelle, filiale. Papy était comme un deuxième père pour moi, mais aussi mon premier soutien et mon plus grand fan. Chaque matin, il regardait mon bulletin météo et ne manquait jamais de commenter ma prestation quand je lui rendais visite le week-end : «Lundi, tu avais une belle robe bleue», «Mardi, tu avais un chemisier rose», «Mercredi, tu as dit ci ou tu as dit ça», heureux de me prouver qu'il m'avait regardée !

Souvent, il me disait combien il était fier de moi, mais ce n'était rien en comparaison de la fierté qu'il m'inspirait. Né en Grèce en 1926, Papy était un orphelin de la Shoah, qui avait fait partie des cent trente enfants cachés par la baronne de Rothschild et s'était construit tout seul. Son père avait pris le large avant la guerre, laissant sa mère avec leurs trois enfants. L'aîné a été fusillé et leur mère n'est pas revenue de déportation. À la Libération, Papy s'est donc retrouvé seul avec son petit frère, qui est décédé quelques années plus tard de la sclérose en plaques.

Mon grand-père était un exemple de force et de combativité, de courage, de résilience; un véritable chêne. Il avait réussi à prouver que rien n'est jamais perdu même lorsqu'on se retrouve sans rien ni personne.

Cette façon de positiver au quotidien, ma joie de vivre perpétuelle, c'est en partie lui qui me les a transmises.

Mon grand-père, malgré les horreurs qu'il avait pu vivre, a toujours été un optimiste invétéré qui croquait la vie à pleines dents, reconnaissant de ce qu'il avait. Il était sage, avec un courage extrême et un cœur immense, incapable de la moindre méchanceté envers quiconque.

Comme beaucoup de personnes âgées, Papy est décédé au printemps 2020, durant la première vague de l'épidémie de Covid. L'année précédente, il avait fait le choix de quitter son appartement pour aller en EHPAD – c'était sa décision et il s'y plaisait beaucoup.

À ce moment-là, les maisons de retraite faisaient l'objet d'un confinement strict : aucune visite, aucune sortie, aucun contact avec l'extérieur ni même avec les autres résidents. Un isolement total, mais qui ne l'a pas protégé de ce foutu virus. Dire que je le pensais en sécurité parce qu'il était confiné... Comment avait-il pu tomber malade alors qu'il ne sortait pas, tandis que moi, qui continuais à travailler et à voir du monde, je n'avais rien ?

C'était tellement injuste. Et à mes yeux, son décès a résonné de manière encore plus injuste et tragique en raison de son histoire.

Lui qui avait commencé sa vie dans la plus absolue solitude, comment accepter qu'il soit parti tout seul, sans personne à ses côtés pour prendre soin de lui ? Comment accepter de ne pas avoir pu lui dire adieu autrement que devant un cercueil scellé, dans une morgue provisoire pleine à craquer, en vingt minutes chrono ? De ne pas avoir eu de moment en famille, pour nous retrouver autour de son souvenir ?

Je nous revois, mes parents, mon frère et moi, chacun dans notre coin, après des semaines sans autre contact que par écran interposé, respectant la distance de rigueur, puis nous quittant sur un triste parking avant de repartir chacun de notre côté, sans même avoir pu nous serrer dans les bras.

Pendant les années qui ont suivi, je me suis repassé cet épisode en boucle, rongée par la culpabilité. Moi qui avais toujours été rebelle, pourquoi m'étais-je montrée aussi disciplinée cette fois-ci ? Pourquoi avais-je sagement écouté les consignes au lieu de n'en faire qu'à ma tête ? Passer par-dessus le grillage en pleine nuit, forcer les issues de secours, que sais-je ? Risquer une garde à vue pour le revoir une dernière fois : le jeu en aurait valu la chandelle. J'aurais pu… j'aurais dû… si seulement…

Faut-il voir dans les regrets et les remords qui me tenaillent la graine de la tumeur logée près de mon cœur ?

Mon cœur, il faut dire, avait été bien malmené ces dernières années. Avant ma rencontre avec Antony, ma vie sentimentale n'a pas été de tout repos, entre chagrins d'amour et relations toxiques. L'une en particulier, que je pensais avoir reléguée dans les oubliettes de ma mémoire, revenait me tarauder.

En 2018, je suis tombée très amoureuse d'un garçon… pour découvrir, un an plus tard, que j'étais en couple avec un parfait inconnu. C'était un mythomane et un manipulateur, qui me mentait, comme à tout son entourage.

J'étais horrifiée, effrayée, effondrée. J'avais aimé quelqu'un qui n'existait pas et qui m'avait menti, trompée. Mes rêves étaient brisés, mon cœur, en miettes. Là, à gauche de ma poitrine, à l'endroit même où s'était logée une tumeur depuis. Est-ce à cause de cet épisode traumatisant qu'un cancer s'est déclaré cinq ans plus tard ? Parce que mon cœur avait trop souffert ?

Ou bien… quoi encore ? Un mauvais karma ? Après les échographies et la biopsie, vais-je aussi devoir me livrer à un examen de conscience ? Il est vrai que comme tout le monde, je n'ai pas toujours été irréprochable. Dans l'enfance et l'adolescence, il m'est arrivé de me montrer vache avec certains de mes camarades, voire un peu peste sur les bords, pour ne pas être « du côté des faibles ». J'ai toujours eu un grand cœur, mais après avoir subi quelques moqueries, j'ai décidé que ça ne se reproduirait plus et je me suis placée malgré moi dans le « mauvais » camp pour me protéger.

Suis-je en train de subir un retour de bâton d'un destin sans pitié, décidé à me punir de mes vacheries passées ?

Ces souvenirs pénibles, et bien d'autres, me reviennent à l'esprit, comme si cette maladie était une machine infernale à remonter le temps, qui me forçait à revisiter les coins sombres de mon histoire. Le contraste avec l'agréable rêverie où je baignais depuis le début de ma grossesse est cruel. Ironiquement, les pensées les plus angoissantes qui m'avaient assaillie ces derniers temps se résumaient à quelques kilos en plus, l'apparition de vergetures ou... la chute des cheveux après l'accouchement (si j'avais su) !

J'aime aller de l'avant, rebondir : j'ai horreur de ressasser le passé, surtout quand les souvenirs sont douloureux. En temps normal, je me représente le passé comme une sorte de sac à dos de taille moyenne qui ne doit pas être trop rempli sous peine de craquer ou de me faire fléchir. Au fil du chemin, j'ai coutume de me délester du poids des souvenirs en acceptant les choses, en lâchant prise. Le passé ne peut être changé, certaines choses échappent à notre contrôle : la vie est ainsi faite et il faut l'accepter.

C'est ce que j'essaie de me répéter pour me libérer des remords et des regrets, du ressentiment. Je tente de me concentrer sur le positif, même si tout semble alors s'effondrer. Mais j'ai beau m'efforcer de rester ancrée dans le moment présent, il m'est impossible de ne pas penser à l'effet papillon, à l'incidence que le passé a forcément sur le présent.

De façon plus terre à terre, je me suis aussi demandé si mon cancer ne pouvait pas être lié à ma prise de pilule pendant des années, destinée à freiner mon endométriose. D'après les études, la contraception hormonale n'augmente que très modérément et de manière très inconstante le risque de développer un cancer du sein. Un risque minime, sans doute guère significatif au regard des bénéfices, mais pas totalement absent et que, là encore, je ne peux m'empêcher d'envisager.

Lorsque, pleine de tristesse, je fais part de toutes ces hypothèses à mon oncologue, il me regarde, les yeux remplis de bienveillance et me répond simplement : « Vous voulez absolument trouver un responsable ? Eh bien, j'en ai un pour vous : pas de chance. Dans le cas d'un cancer comme le vôtre, nous ne savons pas déterminer la cause directe, et au fond, est-ce que ça y changerait quelque chose ? »

Je me tais et je réfléchis. Non. Ça ne changerait rien. « Le mal » est fait. Le mal est là.

Journaliste météo

« Pour ce qui est de l'avenir, il ne s'agit pas de le prévoir mais de le rendre possible. »
Antoine de Saint-Exupéry

J'ai parfois repoussé mes limites, je me suis beaucoup mise au défi.

Le journalisme m'a toujours attirée, mais depuis toute petite, mon rêve, c'était la télé. Ma première prestation télévisuelle ? Un passage à l'émission l'*École des fans*, à l'âge de trois ou quatre ans, où j'interprète, cachée derrière ma frange brune, le nez sur le micro, une chanson de Pierre Perret. Bien que timide, j'ai dû apprécier l'expérience (et le shot d'adrénaline associé !), puisqu'une dizaine d'années plus tard, je choisis l'émission *C'est pas sorcier* pour faire mon stage de troisième. C'est décidé, je travaillerai dans l'audiovisuel !

J'ai conscience que la télévision est un milieu fermé, difficile à intégrer, où la compétition est rude, avec beaucoup d'appelés et peu d'élus. Pour figurer parmi ces derniers, j'ai plutôt intérêt à mettre toutes les chances de mon côté.

L'opportunité se présente en 2008, quand mon petit ami de l'époque part faire ses études aux États-Unis. Non seulement j'ai envie de le suivre, mais je me dis que la maîtrise de l'anglais et l'obtention d'un diplôme d'une université américaine seraient de gros plus sur mon CV, qui me permettraient de me démarquer.

Lorsque j'en parle à mes parents, ils soutiennent aussitôt mon projet, à la condition que je passe mon bac d'abord, que je prenne des cours d'anglais intensifs, puis que je me débrouille pour trouver une école de journalisme sur place. J'appréhende un peu, car j'ai une relation très fusionnelle avec ma famille, mais je sais que c'est pour la bonne cause et qu'une expérience comme celle-ci ne pourra que me faire grandir.

Mon bac ES en poche, je plie donc bagage et quitte la banlieue parisienne pour partir jouer les petites *frenchies* à New York – je le resterai d'ailleurs durant les cinq années que je passerai là-bas, car je n'ai jamais perdu mon accent ! À dix-huit ans, je me sens un peu perdue loin de ma famille, dans un pays dont la mentalité est si différente de ce que je connais. Mais je m'accroche, car je sais que le jeu en vaut largement la chandelle.

Parallèlement à mes cours d'anglais, je passe cette première année à remplir des dossiers pour des écoles, à passer des examens et des concours. Mon objectif est d'intégrer Brooklyn College, la seule école de New York qui propose un *bachelor* en *broadcast journalism*, c'est-à-dire en journalisme radio, télévision et web. Pour ma plus grande joie, je suis acceptée.

En dehors de cette idée fixe de travailler dans l'audiovisuel, mes perspectives et mes envies sont encore floues. Je ne sais pas exactement vers quelle spécialité je souhaite me diriger : mon cœur balance entre le journalisme d'investigation, la presse féminine ou encore la météorologie, qui m'attire et m'intrigue.

De manière assez surprenante, le fait que je me trouve à New York va avoir une incidence sur mon choix. Ville de tous les extrêmes, New York l'est aussi en matière climatique. Au cours des cinq années que j'ai passées là-bas, j'ai vécu deux ouragans (Irene et Sandy), connu des canicules écrasantes, expérimenté des blizzards si intenses qu'il était dangereux de sortir de chez soi, connu des semaines où le thermomètre pouvait passer de trente degrés à zéro en l'espace de vingt-quatre heures, une tempête de neige succédant à un soleil radieux du jour au lendemain, comme si les saisons se télescopaient. Des phénomènes météorologiques extrêmes, bien loin du sage climat parisien. Il faudrait vraiment manquer de curiosité pour ne pas s'intéresser à cette météo complètement folle, et ne pas devenir accro à la Weather Channel, la très regardée chaîne météo.

Ce temps capricieux, irascible, avive mon intérêt pour cette discipline, que le cursus que j'ai choisi me permet d'étudier. Car pour décrocher un *bachelor*, il est nécessaire de compléter sa matière principale par des cours de culture générale. Je me replonge donc dans des matières scientifiques à côté desquelles j'étais passée au lycée, dont la physique et la météo.

À vingt-trois ans, fraîchement diplômée, je regagne la France, soulagée de retrouver ma famille qui m'a tant manquée, et plus que jamais désireuse de me spécialiser dans les questions météorologiques et environnementales. J'admire beaucoup le travail de journalistes tels qu'Évelyne Dhéliat, très engagée dans la lutte contre le réchauffement climatique et dans la sensibilisation du public à ces sujets à la fois urgents et complexes.

Quelques recherches sur le web m'apprennent que la plupart des journalistes qui exercent aujourd'hui ce métier sont passés par la Chaîne Météo ou du moins y ont fait leurs premières armes. Quand je rejoindrai leurs rangs, quelques mois plus tard, je comprendrai mieux pourquoi. C'est une expérience on ne peut plus formatrice, offrant aux journalistes la possibilité de se spécialiser sur le tas, au contact des météorologues prévisionnistes du groupe Météo Consult (bureau d'étude privé concurrent de Météo France), auquel appartient la Chaîne Météo – de grands professionnels souvent issus de l'École nationale de la météorologie.

Il existe deux voies pour devenir journaliste météo : la première est celle que j'ai suivie, à savoir étudier le journalisme, puis se spécialiser en météo à travers des formations auprès de prévisionnistes, des stages à Météo France, d'innombrables lectures (la météorologie est un sujet en constante évolution, *a fortiori* dans un contexte de changement climatique), etc. L'autre voie consiste à faire le chemin inverse : suivre d'abord un cursus d'ingénieur météorologue, avant de se tourner vers les médias.

J'ouvre ici une petite parenthèse, qui me semble nécessaire, concernant mon métier. Car même si la météo est une rubrique très regardée – en France moins qu'aux États-Unis, climat plus clément oblige, mais elle continue de faire de fortes audiences –, le journalisme météo, lui, reste un domaine mal connu du grand public et qui véhicule beaucoup d'idées reçues.

Combien de fois ai-je entendu, de la part de personnes bien intentionnées : « Qu'est-ce que tu voudrais faire, après ? Du cinéma ? » Comme si la météo n'était pas un métier sérieux, mais une sorte de tremplin pour passer à autre chose.

De fait, notre travail est encore largement assimilé aux sketchs du *Grand Journal* de Canal +, où la météo n'était qu'un prétexte et dont le personnage emblématique de la « Miss Météo » – incarnée par des comédiennes et non des journalistes –, reste ancré dans l'imaginaire des téléspectateurs.

Un coup de projecteur glamour sur notre discipline ? À mon sens, plutôt la porte ouverte à un vaste malentendu, car notre métier ne consiste pas à divertir, mais à informer, et repose sur une expertise scientifique. Ainsi, contrairement à ce que l'on croit souvent, nous n'apprenons pas notre texte par cœur et n'avons pas de prompteur : nous étudions la situation météo en amont, puis nous « improvisons » en nous appuyant sur les cartes. Tout cela en respectant le timing dicté dans l'oreillette par le chef d'édition en fonction du temps dont nous disposons, et en intervenant parfois pendant le journal télévisé pour décrypter certains événements météorologiques.

Quant au sobriquet de « Miss Météo », dont on nous affuble constamment, je suis loin d'être la seule qu'il hérisse. À la fois terriblement réducteur et révélateur du sexisme ambiant, le terme cantonne les journalistes femmes (je ne connais aucun « Mister Météo » !) à l'image de potiche de service. Faut-il le rappeler, le métier de journaliste météo – homme ou femme – est tout aussi sérieux que celui de journaliste scientifique, et n'a rien d'un spectacle.

Pour ce qui me concerne, je ne compte pas en changer.

À l'époque, comme la plupart des journalistes débutants, je suis pigiste et je cumule plusieurs jobs – la matinale sur la Chaîne Météo dans les Yvelines du lundi au vendredi, Agate Météo dans le Nord le vendredi après-midi, puis le week-end Charleroi, en Belgique, à TV5 Monde, avant d'enchaîner à nouveau. Au volant de ma petite voiture, je vais de studio en studio, passionnée, mais exténuée, me disant que ces efforts finiront bien par payer.

À la fin de l'année 2018, le chef du service météo de BFMTV m'appelle pour me proposer de passer un casting pour remplacer la journaliste de la journée qui s'en va. Lorsque j'arrive au rendez-vous, j'apprends finalement que c'est un journaliste titulaire qui la remplacera et qu'ils cherchent donc quelqu'un pour reprendre sa tranche horaire. Autrement dit, la pré-matinale de la chaîne nationale et la matinale de sa chaîne locale, BFM Paris, soit un premier direct à... 4 h 26. Et moi qui n'imaginais pas pouvoir avoir des horaires plus décalés que ceux de la matinale sur la Chaîne Météo !

Malgré une performance à l'audition que je juge calamiteuse, je ne sais par quel miracle, ça passe et je suis engagée. Loin de ralentir, mon rythme de travail a plutôt tendance à s'intensifier. Au fil des ans, une dizaine de chaînes locales voient le jour, dont je dois enregistrer les bulletins qui seront diffusés dans les matinales. Mais ce n'est qu'une partie de mon travail : BFMTV étant une chaîne d'information en continu, dès lors que la situation l'exige, je suis amenée à intervenir en plateau pour évoquer intempéries, inondations ou sécheresse, canicules, feux de forêt...

Un métier qui - heureusement - me passionne, mais qui n'est décidément pas de tout repos.

Et voilà que quatre ans plus tard, tout s'écroule. Des années d'efforts pour faire mes preuves, au terme desquelles j'ai réussi à décrocher un poste de titulaire sur la première chaîne d'info de France, tout cela pour que ce foutu cancer décide de tout gâcher. Outre la menace que la maladie fait peser sur ma vie, elle vient aussi bousiller ma carrière. Moi qui ai sacrifié tant de choses depuis des années, mon sommeil, ma vie privée... il m'est insupportable de voir ma carrière stoppée net à cause de ma santé. J'ai le sentiment d'être un oiseau auquel on a coupé les ailes et qui tombe en plein vol.

Les questions se bousculent dans ma tête... Aurais-je dû faire autrement ? Et en admettant que je survive à tout cela, que se passera-t-il à mon retour ?

Vais-je revenir à la case « pré-matinale et matinale » comme un bon petit soldat ?

Et puis, comment mon employeur et les téléspectateurs vont-ils m'accueillir ? Je redoute par avance de voir l'étiquette de « malade » me coller à la peau... Ou pire : que l'on m'oublie si je m'absente trop longtemps.

Je vais bientôt m'apercevoir que mes craintes de disparaître un long, et même un très long moment, de l'antenne ne sont pas infondées.

PARTIE 2

Le parcours de la combattante

Ma princesse…
Je ne te connaissais pas encore,
mais tu combattais déjà à mes côtés.

Je commence quand ?

« La vie, ce n'est pas attendre que les orages passent, c'est apprendre à danser sous la pluie. »
Sénèque

Dès la réception des résultats de ma biopsie, la radiologue m'a pris un rendez-vous pour le soir même avec une oncologue de l'hôpital où elle exerce – qui est aussi, incidemment, celui où je dois accoucher, même si cette perspective m'apparaît à présent très lointaine.

« Oncologue » : encore un terme qui m'était jusque-là totalement étranger et qui vient s'ajouter à cet étrange lexique que je maîtriserai bientôt, à mon corps défendant.

Avec insistance, la radiologue me recommande de m'y rendre accompagnée, car dans le brouillard où je flotte, je risque de me trouver noyée sous la masse d'informations qui vont m'être communiquées.

En sortant de son cabinet, nous avons deux bonnes heures devant nous avant le rendez-vous.

Ma mère me ramène à la maison – j'ai été bien avisée de ne pas prendre ma voiture, car je suis incapable de conduire. Antony est rentré et se précipite à la porte en nous entendant arriver. Il ne sait rien. Je ne lui ai pas passé de coup de fil après le rendez-vous. Je me suis limitée à répondre à ses messages inquiets d'un simple : « Je rentre à la maison. » Il m'était impossible de lui apprendre la nouvelle par téléphone, tout comme il m'est maintenant impossible de la lui annoncer de vive voix. Je me contente de me blottir dans ses bras, en pleurs, et il comprend aussitôt.

Prévenu par ma mère, mon père nous a rejoints, et nous passons les deux heures qui suivent dans le canapé, à noter sur une feuille de papier les questions à poser à l'oncologue. Enfin, ce sont surtout mes parents et Antony qui s'en chargent. Pour ma part, je reste prostrée, sous le choc, spectatrice de ce cauchemar dont j'espère encore me réveiller d'une minute à l'autre.

Sans un mot, dans un état second, je me lève pour aller boire un verre d'eau. Comme une somnambule, je me dirige vers la salle de bains et, machinalement, j'ouvre le flacon d'huile d'amande douce pour m'en passer sur le ventre, comme je le fais quotidiennement. Mon déni est tel que j'ai l'impression d'agir parfaitement normalement en prenant ce temps pour moi et mon bébé, en paix, étrangère à ce qui se déroule dans la pièce à côté. En retournant dans le salon, je me tiens quelques instants dans l'embrasure de la porte, à les regarder, extérieure à la scène. Je sais que tout cela me concerne, je sais qu'ils sont morts d'inquiétude et que je devrais l'être aussi – et au fond je le suis, bien sûr, mais à cet instant, ma seule défense consiste à nier en bloc, à laisser les autres agir à ma place, et m'absenter.

Dans un écho lointain, étouffé par la mince cloison qui nous sépare, j'entends ma mère dire à mon père – comme pour se convaincre elle-même – qu'ils s'autorisent à pleurer devant moi aujourd'hui.

« Mais ensuite c'est terminé, ajoute-t-elle. On se bat avec elle. »

Je vois mon père hocher la tête et lui prendre la main, en levant les yeux vers cette «elle», dont je ne réalise pas vraiment que c'est moi.

Munis de «notre» liste et d'un calepin – que mon père s'occupera de remplir, car je ne suis pas plus capable d'écrire que de conduire –, nous reprenons le chemin de l'hôpital.

Il est bientôt 19 heures. En plein hiver, la nuit est déjà tombée depuis longtemps et il fait un froid de loup quand nous sortons de la maison.

L'espace d'un instant, j'éprouve la tentation de tourner les talons, de claquer la porte et de me réfugier sous un plaid devant une série (c'était d'ailleurs jusque-là mon «grand projet» de congé maternité : revoir toutes les saisons de *Desperate Housewives*, ma série préférée, et me plonger enfin dans *Friends* et *Game of Thrones*. À l'heure qu'il est, cela figure toujours dans un coin de ma to-do list, qui a pris une tournure bien différente depuis), les mains autour d'une tasse de chocolat chaud, à attendre qu'on me dise enfin que tout cela n'était qu'une mauvaise plaisanterie et que je peux reprendre le cours de ma vie.

Après quelques minutes de trajet, interminables, dans un silence presque complet, nous nous garons près de l'hôpital. Je me dirige vers l'entrée, accompagnée d'Antony et de mon père. Ma mère préfère nous attendre dans la voiture, pour que le rendez-vous ne ressemble pas à un conseil de famille.

Nos pas résonnent dans le couloir du service d'oncologie, pratiquement désert à cette heure-là – le médecin nous reçoit une fois ses rendez-vous de la journée terminés. Les derniers patients sont rentrés chez eux, de même qu'une grande partie du personnel, et nous ne croisons presque personne, hormis une vieille dame, dont le foulard soigneusement noué sur la tête ne laisse guère de doute sur ce qu'il dissimule.

L'objectif de ce premier rendez-vous est avant tout de m'expliquer de quoi il retourne : la nature exacte de mon cancer, dont j'ignore à peu près tout, sinon qu'il est particulièrement agressif, et le protocole que je devrai suivre.

Pour dire mon niveau d'ignorance en la matière, je ne savais même pas qu'il pouvait exister plusieurs types de cancer du sein.

Pour faire court, on en dénombre trois :

• Le cancer du sein hormonodépendant (réceptif à deux hormones, les œstrogènes et souvent la progestérone) est le plus fréquent (70 % des cancers du sein). Il est traité par chirurgie et par de la radiothérapie, complété par de l'hormonothérapie pour éviter la récidive, et éventuellement une chimiothérapie.

• Le HER2 surexprimé (ou HER2+), où les cellules cancéreuses présentent en surface un nombre anormalement élevé de récepteurs à la protéine HER2. Plus rare (environ 15 % des cas), il est aussi très agressif, mais peut se soigner efficacement grâce à des thérapies ciblées couplées avec une chimiothérapie.

• Le triple négatif (ni hormonodépendant ni HER2+), relativement rare (15 %), peut être traité par immunothérapie et par chimiothérapie.

Assise à son bureau, l'oncologue me détaille la «carte d'identité» de ma tumeur, m'expliquant qu'il s'agit d'un cancer du sein de type HER2+, en partie hormonodépendant (aux œstrogènes et à la progestérone), de grade III et stade 1.

La notion de grade (de I à III) correspond à l'agressivité potentielle de la maladie, notamment la vitesse de prolifération des cellules cancéreuses. Généralement, les maladies à prolifération élevée sont plus fréquentes chez les femmes jeunes, comme c'est mon cas. Le grade III correspond à l'agressivité maximum.

Le stade renvoie au développement du cancer au moment du diagnostic, déterminé par la taille de la tumeur (stades 0 à 2), l'envahissement des ganglions lymphatiques (stade 2 ou 3) et l'extension dans le reste de l'organisme sous forme de métastases (stade 4). D'après la taille relativement réduite de ma tumeur (2,6 cm), la maladie serait à un stade précoce (sans doute moins d'un an) et n'aurait pas eu le temps de s'étendre, mais il faudra des examens complémentaires pour en avoir confirmation.

Ces informations, je les connais grâce aux notes qu'a prises mon père. Honnêtement, à ce stade, tout ce qui m'importe, c'est mon bébé, ma survie et accessoirement mes cheveux. Tant que ma fille va bien et que mes chances de m'en sortir sont élevées, c'est à peu près tout ce qui compte.

Vient ensuite l'interminable litanie des examens qui m'attendent : bilan biologique complet, TEP ou PET-scan, échographie cardiaque, mise en place d'un clip intratumoral, pose du PAC... Autant de termes ésotériques qui me parlent aussi peu que tout le reste, jusqu'à ce que l'oncologue en vienne enfin au fait.

– Après tous ces examens, m'explique-t-elle, il faudra commencer par la chimiothérapie.

Je sursaute. Ce mot-là, en revanche, est parfaitement clair. Et dans les circonstances actuelles, il me fait presque aussi peur que « tumeur » et « cancer ».

– Quand ?

– Le plus rapidement possible... dans quelques jours.

Prise de panique, je pose la main sur mon ventre. Nous sommes en plein hiver, et mon petit ventre de grossesse, encore peu visible, disparaît sous mon gros pull. Pour moi, il est inconcevable de suivre ce type de traitement avant l'accouchement.

– Mais... vous êtes au courant que je suis enceinte ?

Elle hoche calmement la tête.

– Je sais.

Je tombe des nues. Moi qui, depuis le début de ma grossesse, m'interdis la moindre goutte d'alcool, rince dix fois mes fruits et légumes au bicarbonate ou au vinaigre blanc, tiens les chats à distance, ne touche plus aux sushis et n'ose même pas avaler un demi-doliprane, je devrais recevoir un produit surpuissant, destiné à détruire des cellules, qui passerait dans mon sang et donc dans celui de mon bébé ?

Je respire un grand coup et tente de ne pas laisser affleurer ma panique.

– Non... Non. On va attendre l'accouchement.

Sa réponse est sans appel : trois ou quatre mois supplémentaires – le temps qu'il reste jusqu'au terme – avec un cancer de grade III comme le mien, très agressif, et je prends un sérieux risque de développer des métastases.

En somme, si nous attendons l'accouchement pour agir, ma fille risque bien de se retrouver rapidement sans mère.

À mon stade de grossesse – fin du deuxième trimestre –, elle m'assure que les traitements de chimiothérapie sont possibles et ne mettront pas en danger mon bébé, qui est déjà formé et protégé par la barrière placentaire. Elle me précise que j'aurai deux ou trois séances avant l'accouchement, qui devra sans doute être déclenché pour être suffisamment espacé entre deux chimios, afin que j'aie assez de défenses immunitaires pour le supporter. L'oncologue que je verrai quelques jours plus tard à l'Institut Curie me tiendra le même discours, ajoutant avoir déjà suivi des patientes enceintes.

Une chose est sûre : si je retarde le traitement, c'est ma vie que je mets en danger et donc aussi l'avenir de ma fille que je compromets.

Inutile de dire que ma décision est vite prise.
– Je commence quand ?

Une montagne devant moi

« Ils ne savaient pas que c'était impossible,
alors ils l'ont fait. »
Mark Twain

Au total, nous restons plus de deux heures avec cette oncologue, qui se montre d'une humanité, d'une empathie et d'une douceur remarquables. Je la questionne à plusieurs reprises sur l'agressivité de mon cancer et elle me répète avec patience que si l'on s'en était aperçu quelques mois plus tard, il aurait sans doute été trop tard.

On croit souvent qu'il est inutile d'effectuer une palpation mammaire sur une femme enceinte, car l'augmentation du volume des seins sous l'effet des hormones de grossesse entraîne des modifications dans leur structure, rendant plus difficile la détection d'une anomalie.

De fait, malheureusement, beaucoup de gynécologues s'en abstiennent et trop de femmes découvrent leur cancer après leur grossesse alors qu'il aurait pu être diagnostiqué pendant.

Pourtant, la grossesse n'empêche en rien les anomalies d'apparaître et, dans le cas d'une tumeur cancéreuse, de se développer à vitesse grand V. J'en suis la preuve vivante, et je remercie chaque jour mon obstétricienne d'avoir eu le réflexe de palper ma poitrine malgré ma grossesse, puis de m'avoir prescrit cette échographie – même si elle-même m'a confié être «tombée de sa chaise» en recevant les résultats de ma biopsie.

Lorsque j'y repense aujourd'hui, je me dis que si je n'avais pas été enceinte, si je n'avais pas bénéficié d'un suivi gynécologique mensuel, si je n'étais pas tombée sur cette obstétricienne-là, les choses auraient sans doute tourné très différemment. Je me serais sûrement rendue chez ma gynécologue de ville pour mon contrôle annuel (comme trop de femmes, je n'ai pas appris l'autopalpation et m'en remets entièrement à l'examen de mon médecin), mais seulement quelques mois plus tard – et peut-être trop tard.

Ma fille n'est pas encore née, mais elle m'a déjà sauvé la vie!

Lors de ce premier rendez-vous, l'oncologue me remet une feuille couverte d'un graphique avec de multiples ramifications, évoquant un arbre généalogique : c'est mon «PPS», mon plan personnalisé de soins. Un document destiné à permettre au patient de visualiser les différentes étapes de son futur traitement, qu'elle décrypte pour moi.

En deux mots, j'aurai droit à la formule «all inclusive» : six mois de chimio, opération (mastectomie partielle), suivie d'une trentaine de séances de radiothérapie, sans oublier dix mois de chimio en plus si on détecte la présence de cellules après l'intervention chirurgicale, et enfin cinq ans d'hormonothérapie au minimum.

Ce faisant, elle évacue l'une de mes inquiétudes, qui était de devoir subir une ablation complète du sein, mamelon compris. Si tout va bien, la mastectomie annoncée consistera en une tumorectomie, à savoir une «simple» ablation de la tumeur.

Elle n'évoque pas d'emblée la mastectomie prophylactique, qui me sera recommandée plusieurs mois plus tard. À ce stade, il n'en est pas encore question, même si elle l'envisage peut-être déjà en raison de mon jeune âge et de la nature de mon cancer, qui font craindre une récidive. Toujours est-il qu'elle n'en dit rien, sans doute - et à raison - pour me préserver.

C'est donc cela qu'on entend par «Ça se soigne bien, un cancer du sein»... Ce protocole de soins qui s'apparente à un parcours du combattant, ces examens innombrables, cette liasse d'ordonnances que me remet le médecin, et la charge mentale qui l'accompagne. Prises de sang avant chaque chimio, rendez-vous avec l'infirmière après pour la piqûre destinée à rebooster mes globules blancs le lendemain, acheter toutes sortes d'«anti» (douleurs, nausée...) à la pharmacie, faire une écho cardiaque régulièrement pour vérifier que mon cœur supporte bien la chimio... Sans parler de la perte des cheveux, des cils et des sourcils.

Alors je me demande bien d'où ça sort : «Ça se soigne bien, un cancer du sein ?» Est-ce une formule que l'on prononce pour se rassurer, une forme de pensée magique destinée à minimiser la réalité de la maladie ?

Pour ma part, l'horizon de la guérison me paraît très, très lointain, à peine visible derrière cette montagne qui se dresse devant moi.

J'ai le sentiment d'embarquer à bord d'un train lancé à toute vitesse, dont il est impossible de descendre : premier arrêt, chimiothérapie ; deuxième arrêt, opération ; troisième arrêt, radiothérapie... Ah, et pour moi, un arrêt supplémentaire à ajouter, dont j'espère bien pouvoir profiter autant que possible : mon accouchement, programmé entre deux séances de chimio.

Les mots se télescopent dans mon esprit : chimio, accouchement... À quel moment le lexique magique - « berceau », « petite fille », « biberons », « couches »... - s'est-il fait supplanter par celui de la maladie ?

La paisible bulle dans laquelle je flottais vient définitivement d'éclater.

La valse des rendez-vous

« Votre potentiel est infini et il ne dépend que de vous de le réaliser. »

Brian Tracy

De retour chez moi, je me pose pour décrypter la liste, longue comme le bras, des rendez-vous que je vais devoir enchaîner avant la chimiothérapie proprement dite. Mon emploi du temps habituel, pourtant déjà bien chargé entre mon travail à BFMTV et les rendez-vous à la maternité, me semble une douce routine, rassurante et familière, comparée à ce parcours d'obstacles, ce saut dans l'inconnu.

Le lendemain, j'ai quartier libre. J'en profite pour investir dans ce qui sera mon plus fidèle allié dans le marathon à venir : un bon vieil agenda papier.

Il faut aussi que je décide où se déroulera mon suivi. Le feeling avec l'oncologue que j'ai vue la veille est bien passé et l'hôpital a l'avantage d'être situé près de chez moi, or je préfère limiter les déplacements enceinte, mais mes parents insistent pour que je sois suivie dans un centre anticancer tel que Gustave-Roussy ou l'Institut Curie. Malgré mes réticences, je finis par céder : ce sera Curie, dans le 5e arrondissement de Paris, où je parviens à décrocher un rendez-vous trois jours plus tard, le 20 janvier.

Au départ, outre la question des trajets, le fait que mon nouvel oncologue soit un homme me rebute un peu. Pour ce qui a trait aux questions gynécologiques, je n'ai jamais été suivie que par des femmes. Cependant, entre ma grossesse et mon cancer du sein qui me forcent à me dénuder devant des inconnus, je comprends vite que je peux oublier toute notion de pudeur !

Par ailleurs, après réflexion, je juge plutôt sain de séparer l'endroit où je vais accoucher de celui où mes chimios vont se dérouler, et je suis finalement rassurée d'être suivie dans un grand centre spécialisé et réputé, par un oncologue qui se révèle aussi compétent qu'humain, dont l'écoute bienveillante est d'un grand réconfort.

Dès le surlendemain, avant même ma première visite à Curie, la spirale infernale des rendez-vous démarre. Heureusement, Antony a pu se libérer pour m'accompagner. À mes côtés toute la journée, il passe des heures à faire le pied de grue dans les salles d'attente, tandis que je cours d'un service à l'autre : bilan biologique complet, clip intratumoral, PET-scan, et enfin rendez-vous avec mon obstétricienne pour être pleinement rassurée sur la compatibilité des traitements et en savoir plus sur le déroulement de l'accouchement, qui doit être déclenché après la troisième chimio.

Le déclenchement : encore une procédure médicale dont je ne sais pratiquement rien, sinon que je peux oublier la perte des eaux et le départ en catastrophe à la maternité, comme dans les films. Comment se passe un déclenchement, au juste ? Vais-je pouvoir accoucher par voie basse ? La péridurale est-elle envisageable dans ces conditions ? Autant de questions et de préoccupations qui viennent s'ajouter à toutes les autres qui défilent dans ma tête.

Rendez-vous numéro un, donc : la pose d'un petit clip dans la tumeur pour marquer son emplacement. Si tout va bien, la tumeur devrait régresser au fil des séances de chimio, avant de disparaître complètement (hypothèse optimiste) des radars. Ce point de repère permettra alors aux médecins, lors des examens et pendant l'opération, de s'assurer que les cellules cancéreuses ont bien été éliminées ou, dans le cas contraire, de prévoir une marge de sécurité et prescrire un traitement complémentaire pour se débarrasser des cellules récalcitrantes.

En parallèle, je dois également réaliser un bilan sanguin, une échographie cardiaque, et surtout le fameux PET-scan (tomographie par émission de positrons), un examen scintigraphique qui permettra de déterminer avec précision le stade d'évolution de la maladie en détectant la présence ou non de métastases.

Dans un premier temps, il s'agit d'injecter par voie veineuse un produit faiblement radioactif (un « traceur ») qui se diffusera dans le corps et ira se fixer sur les éventuelles tumeurs ou les métastases, permettant de les détecter précocement. Je frémis en lisant le mot « radioactif », et plus encore en voyant le pictogramme « danger » associé à la silhouette d'une femme enceinte dans la cabine où je me déshabille. Mais je sais que je n'ai pas le choix.

La perfusion dure une heure, dans une salle d'attente radioprotégée (qui ne laisse pas passer les radiations), au repos complet – sans téléphone, musique ou même lecture ; seule avec mes pensées –, le temps que le produit diffuse et se fixe dans l'organisme.

Puis le technicien manipulateur m'invite à prendre place sur une table, au centre d'une énorme machine semblable à un donut géant, qui va me scanner sous toutes les coutures.

– Ne bougez pas. Restez parfaitement immobile pendant que la table se déplace, d'accord? Je vous laisse, à tout à l'heure.

J'acquiesce, tandis que la seule pensée qui tourne en boucle dans ma tête est : « Mais bon sang, mais qu'est-ce que je fous là ? » À cet instant précis, je sens ma fille m'envoyer une série de petits coups dans le ventre, comme pour me signaler qu'elle est présente, elle aussi. Que je ne suis pas seule.

Le technicien a quitté la pièce pour rejoindre une sorte de poste de commande séparé par une vitre, d'où il me donne de rares indications via un haut-parleur. Hormis le bourdonnement de la machine et de légers bruits métalliques lorsque la table avance et recule au centre du « donut », un silence presque complet règne dans la salle au décor futuriste. L'examen dure une trentaine de minutes, puis le technicien revient me voir.

– C'est terminé, vous pouvez retourner en salle d'attente, le médecin vous appellera.

Après une nouvelle attente dans la salle réservée aux « patients radioactifs » (avec passage obligé dans des toilettes spéciales), je découvre les images du PET-scan – où la petite silhouette de Léna-Rose apparaît d'ailleurs très clairement! – qui ne montrent fort heureusement aucune tumeur secondaire (métastase).

Je saute pratiquement de joie lorsqu'on m'annonce les résultats, car je n'ai « qu'un cancer du sein » : il ne s'est pas étendu ailleurs, d'une certaine façon grâce à mon bébé.

À présent, je sais avec certitude contre quoi je vais devoir me battre, et surtout, que j'ai de bonnes chances de survie. Après les deux jours d'angoisse que je viens de traverser, emplis d'idées noires sur l'avenir – le mien, celui de ma fille et d'Antony –, le soulagement est immense. Moi qui en étais venue à me demander si, en plus du berceau et de la déco de la chambre de mon bébé, je ne devrais pas aussi choisir mon cercueil...

En fin de compte, cette saleté de crabe n'a que quelques coups d'avance sur moi et, grâce aux équipes qui m'entourent et au soutien de mes proches, il ne va pas faire le malin bien longtemps. C'est d'ailleurs ce que je me dirai chaque fois que je serai au fond du trou après les chimios : je suis peut-être au plus mal, mais le cancer doit prendre nettement plus cher que moi !

Les rendez-vous préparatoires continuent de se succéder à un rythme d'enfer, avant le début, tant redouté, du traitement à proprement parler.

Ces rendez-vous peuvent sembler banals, mais ils pèsent en réalité lourdement sur le moral. C'est lors de ces entretiens que je réalise vraiment la gravité de cette maladie : tout ce que je vais devoir faire pour guérir, le protocole et les traitements, les soins et les effets secondaires. Une véritable montagne à gravir, dont on ne voit pas le sommet. Un vrai combat de guerrier pour affronter une petite tumeur de 2,6 centimètres.

Parmi ces innombrables étapes préliminaires, la plus difficile, physiquement comme moralement, est sans doute la pose du « PAC » - abréviation de « port-à-cath ». Il s'agit d'un petit boîtier que l'on vient placer sous la peau, au niveau du thorax, relié à un petit tuyau (le cathéter) glissé dans une veine près du cœur, qui permet d'injecter un produit (en l'occurrence ceux de chimiothérapie) dans le sang à l'aide d'une aiguille que l'on pique dans le boîtier à travers la peau, sans abîmer les veines des bras. Le mien est bien visible sous ma peau, et me donne un peu l'impression d'être sous surveillance, comme si je portais un bracelet électronique ! Un petit corps étranger désagréable, mais indispensable, que je vais devoir garder aussi longtemps que durera mon traitement de chimiothérapie, c'est-à-dire probablement un an et demi.

L'intervention, qui se déroule en ambulatoire, sous anesthésie locale, est censée durer une trentaine de minutes et n'occasionner que de légers tiraillements les premières heures, avant de se faire oublier. C'est donc sans appréhension particulière que je me présente à l'Institut Curie le 27 janvier, tout juste une semaine après mon premier rendez-vous.

Malheureusement, rien ne se passe comme prévu : l'opération dure bien plus que la demi-heure annoncée et s'avère très douloureuse malgré l'anesthésie.

Je sens l'anesthésiste appuyer, pousser pour faire entrer la chambre implantable au bon endroit, et à plusieurs reprises, mon cœur s'emballe.

Pour couronner le tout, j'ai la joie d'entendre toutes les discussions entre l'anesthésiste et l'infirmière, qui ne font qu'augmenter mon angoisse.

– D'après toi, c'est bien mis, là ?

– Je ne sais pas trop... Tu veux que j'aille chercher quelqu'un ?

L'anesthésiste acquiesce, et l'infirmière revient au bout de quelques minutes, accompagnée d'une troisième personne, qui m'examine à son tour. Le nouveau venu fait la moue et se tourne vers l'anesthésiste.

– C'est trop haut, baisse un peu... plus bas... encore... Vas-y, baisse-le vraiment... Voilà !

– Tu veux le faire à ma place ou quoi ?

L'autre hausse les épaules.

– Non, je ne sais pas... Je n'ai jamais fait comme ça non plus !

C'est supposé être une intervention bénigne qu'ils réalisent au quotidien, mais ils ont l'air complètement perdus. Je me mords la lèvre pour ne pas demander si c'est une plaisanterie, de peur de les perturber encore plus en me manifestant.

Par la suite, j'apprendrai que la pose d'un PAC se fait normalement sous contrôle radiologique, mais que puisque je suis enceinte, ils ont préféré se passer des rayons et procéder au juger, ce qui complique considérablement l'opération – pour eux comme pour moi !

Dans la foulée de l'intervention, on me fait malgré tout une radio – mon ventre bien protégé sous un tablier en plomb. Une heure plus tard, le résultat tombe : le cathéter est correctement posé, mais il est trop long, et malheureusement il ne sera pas possible de le raccourcir aujourd'hui. Néanmoins, selon les médecins, je n'ai pas à m'inquiéter : tout ira bien, le PAC est fonctionnel et je pourrai avoir ma première chimio trois jours plus tard, comme prévu.

Malgré tout, la semaine qui suit est terrible. Je sens qu'il y a un problème, car je constate l'apparition d'extrasystoles (palpitations) depuis la pose de mon PAC, qui reviennent sans cesse dans les jours qui suivent, parfois pendant de très longues minutes, jusqu'à me tenir éveillée la nuit. En plus d'une vive douleur au niveau de la cicatrice qui m'empêche de m'allonger et de me relever normalement, j'éprouve un stress constant de sentir mon cœur s'emballer ainsi soudainement, sans raison apparente.

En urgence, je consulte un premier cardiologue en ville, qui me confirme que, malgré les extrasystoles, la longueur du cathéter ne présente aucun danger. Mais la situation reste invivable : les palpitations ne passent pas, je suis épuisée et la chimio n'arrange pas les choses. En désespoir de cause, je consulte deux autres cardiologues, dont l'une me recommande d'attendre après l'accouchement, disant que je finirai bien par m'habituer et que « dans mon état », une seconde intervention présenterait plus de risques que de bénéfices. Tu parles !

Le sixième jour, je rappelle mon oncologue pour lui exposer la situation. Il met sans doute un peu de pression à l'équipe, puisque vingt minutes plus tard, on m'appelle pour me demander de me présenter dans quelques heures au bloc.

L'intervention a donc lieu le jour même, sous radio cette fois, et ce ne sont pas moins de dix centimètres de tube qui me sont retirés, sur les trente-trois (!) que j'avais dans la veine au contact du cœur.

Le soulagement est immense : à peine l'opération terminée, mes extrasystoles disparaissent comme par magie et ne réapparaîtront plus par la suite. Quand je pense que je vais devoir garder ce dispositif plus d'un an et demi... jamais je n'aurais tenu dans ces conditions.

Ce jour-là je rencontre la première de mes « sœurs de combat ». Elle se prénomme Capucine et remonte du bloc en même temps que moi, en pleurs. Visiblement traumatisée par la pose de son PAC, elle semble si mal en point que j'ai envie de lui céder le fauteuil roulant auquel j'ai droit en tant que femme enceinte.

Elle est un peu plus jeune que moi et n'a pas encore eu de chimio. Pour la première fois, je rencontre quelqu'un sur qui j'ai « de l'avance » dans le protocole de soins, et à qui je peux tendre la main. En salle de collation, je la console de mon mieux et tente de lui remonter le moral. Notre échange lui fait du bien, et lorsque nous nous séparons, elle a retrouvé un peu de son sourire. Ce jour-là, rien ne me rend plus heureuse que d'avoir pu aider à mon tour. Capucine m'a remerciée de l'avoir réconfortée, mais c'est moi qui lui suis reconnaissante de m'avoir donné le sentiment de ne pas vivre tout cela « pour rien ».

Mission perruque

> *« Lorsque vous changez la façon de regarder les choses, les choses que vous regardez changent. »*
> **Wayne Dyer**

À côté des rendez-vous médicaux, il y en a un autre que j'appréhende tout particulièrement. Ce n'est pas directement ma santé qu'il concerne, encore qu'il s'agisse là aussi de préserver mon intégrité physique.

En ces premiers jours de protocole, un autre terme jusque-là absent de mon vocabulaire quotidien vient enrichir mon nouveau lexique : perruque.

Comme si ce cancer n'attaquait pas suffisamment notre féminité en s'attaquant à la poitrine, il faut en plus qu'il nous prive de nos cheveux.

Il existe différents types de chimiothérapie, qui ne font pas toutes tomber les cheveux. Ce n'est malheureusement pas le cas de la mienne.

Pour soigner mon cancer du sein agressif de type HER2+, la première partie du traitement consiste en huit cures de chimiothérapie, pour commencer, espacées chacune de trois semaines. Plus précisément, quatre cures d'EC (mélange d'épirubicine et de cyclophosphamide), suivies de quatre de Taxotere. Ces deux produits ne s'attaquant pas aux mêmes cellules, leurs effets secondaires sont différents – ceux de l'EC sont (entre autres) la perte des cheveux, tandis que le Taxotere fait tomber les cils et les sourcils.

Mes cheveux seront donc les premiers à subir les effets du traitement. Cela peut paraître superficiel et futile, mais je pleure toutes les larmes de mon corps à l'idée de me retrouver chauve. Au-delà de l'aspect esthétique, j'ai le sentiment que c'est mon identité même qui se trouve menacée : je redoute de ne plus être moi, de ne plus me reconnaître dans le miroir. La grossesse a modifié mon corps, et à présent, c'est à mes cheveux que je vais devoir renoncer. Comment appréhender tous ces changements physiques radicaux en si peu de temps ?

Et puis, le moment de la perte des cheveux est aussi celui de la véritable prise de conscience de la maladie. Quand on nous annonce que l'on a un cancer, on ne réalise pas tout de suite. Hormis cette petite boule dans le sein, je ne me sens pas malade, et les seules douleurs que j'éprouve sont liées aux suites des interventions médicales. Je sais que j'ai un cancer, car on me l'a dit et que j'ai subi des examens, mais jusqu'ici, la maladie reste une abstraction pour moi, et les premières étapes du parcours ne représentent que des cases à cocher sur une très longue liste.

La perte des cheveux, en revanche, c'est le moment où on se regarde dans le miroir et où on se dit : « OK, je suis malade. J'ai un cancer. »

J'ai beau garder un secret espoir (infime), me dire que j'ai tant bichonné mes longs cheveux qu'ils ne pourront pas me trahir, j'ai tout de même les pieds sur terre et je ne me fais guère d'illusions sur ce qui m'attend dès le début des chimios.

Sur les conseils de mon oncologue, je prends les devants et pars en « mission perruque » alors que ma crinière est encore intacte. L'idéal, selon lui, est de trouver le postiche qui nous convient dès le tout début des cures de chimiothérapie, en tout cas avant que les cheveux ne commencent à tomber.

Il y a deux raisons à cela. La première est esthétique : cela permet au perruquier ou au coiffeur de nous orienter vers un modèle se rapprochant de notre chevelure naturelle. Mais la principale raison est psychologique : il est moins difficile de voir ses cheveux tomber si on a déjà sous la main notre nouvelle crinière, prête à venir couvrir notre tête.

La tâche est moins facile qu'il n'y paraît, et j'écume les magasins spécialisés avant de trouver mon bonheur. À la fin, je suis rodée, mais je sors des deux premières boutiques en larmes. À partir de la troisième, c'est la routine, et à la quatrième, je m'amuse à me filmer devant le miroir avec différents modèles. À la cinquième, j'ose même essayer une perruque blond platine ! Quitte à savoir que je vais perdre mes cheveux, autant donner un caractère plus léger à ces essayages.

Cependant, inutile de se voiler la face : moralement, c'est très dur. C'est dur de voir partir le vendeur dans l'arrière-boutique, non pas pour aller chercher ces escarpins que l'on a repérés en vitrine, mais des boîtes remplies de cheveux fixés à un tissu évoquant un scalp. C'est douloureux, mais dès lors qu'on décide d'en faire un accessoire de mode et surtout si on arrive à trouver la perruque qui nous rendra encore plus jolies qu'avant, alors c'est le meilleur pied de nez, pour rester polie, qu'on puisse faire au cancer.

Pour moi, trouver « la perruque de mes rêves » n'a pas été simple. D'abord parce qu'entre mes cheveux et moi, c'est une histoire d'amour de longue date. Ma crinière, j'y tiens comme à la prunelle de mes yeux et rien n'est assez beau pour elle. C'est ma fierté, une part de mon identité, dont il n'est pas question de couper plus d'un centimètre, et seulement pour son bien. C'est peu dire que le deuil sera long et douloureux.

Même si aucune perruque au monde ne peut pour moi rivaliser avec elle, je finis par en trouver une, une semaine après ma première chimio, alors que j'ai encore tous mes cheveux. Financièrement, c'est un investissement important, mais je sais d'avance que je la porterai longtemps.

Début février, mes cheveux sont encore là, mais ce n'est qu'une question de jours avant qu'ils ne disparaissent : six mois de chimiothérapie m'attendent, six mois où je n'aurai plus un poil sur le caillou, avant la repousse. Puis encore au moins un an et demi supplémentaire avant d'avoir les cheveux ne serait-ce qu'au carré...

Il va de soi que dans ma vie d'avant, je ne m'étais jamais questionnée sur les différents types de perruques et encore moins sur leur espérance de vie. Désormais, je suis une experte : une perruque composée de cheveux naturels se conserve environ un an, parfois plus, parfois moins, selon l'utilisation qu'on en fait.

Toutefois, s'offrir une perruque de qualité a un prix. J'ai la chance d'avoir un peu de sous de côté (et surtout d'avoir un papa soucieux de redonner le sourire à sa fille), mais une perruque à la fois esthétique et confortable représente un luxe que beaucoup ne peuvent se permettre. Même pour les modèles en fibre synthétique, le prix monte vite à plusieurs centaines d'euros : un véritable budget. Et pour les perruques en cheveux naturels, il faut compter entre mille et cinq ou six mille euros, ce qui les rend pratiquement inaccessibles pour la plupart des gens. Il existe bien entendu des perruques bon marché, mais elles ne tiennent pas sur la durée ou sont si inconfortables qu'il est hors de question de les porter toute la journée, sans parler d'une année entière.

En France, si nous avons la chance de bénéficier d'une excellente prise en charge médicale, le remboursement des prothèses capillaires pour les personnes souffrant d'alopécie (liée au cancer ou non) pose un réel problème. Les chiffres sont susceptibles d'évoluer – espérons-le –, mais en 2023, les cheveux synthétiques n'étaient que partiellement remboursés (350 euros pour une perruque entièrement synthétique et 250 euros pour un postiche contenant au moins 30 % de cheveux naturels, à condition que le modèle n'excède pas 700 euros, sans quoi la Sécu ne rembourse rien), et il n'y avait aucune prise en charge pour les perruques confectionnées à 100 % en cheveux naturels !

Il est déjà douloureux de se savoir malade d'un cancer, si en plus la maladie vient nous frapper au portefeuille...

Malgré tout, je ne me pose pas vraiment la question. Même si j'ai encore tous mes cheveux, j'ai besoin de savoir que ma perruque m'attend pour le jour où ils ne seront plus là.

Sœurs de combat

« L'amitié qui consiste à s'admirer est la plus courante ; le plus rare est l'amitié de la compréhension mutuelle. »

Jean Cocteau

Parallèlement, afin de préparer en douceur la perte de mes cheveux et me faire du bien pour un prix plus modique, j'investis dans des accessoires : foulards, turbans, bonnets colorés, mais aussi – plus inattendu lorsqu'on n'a jamais été concernée par le problème –, franges amovibles.

Je suis impressionné par le nombre de jolies choses que l'on trouve sur le marché et me dis qu'il est peut-être moins violent de commencer par-là plutôt que de passer directement à la perruque.

Une marque, notamment, me tape dans l'œil : Les Franjynes, que je découvre sur Internet (leur unique showroom se trouve à Nice, bien qu'on puisse les trouver dans d'autres villes, chez des revendeurs) et qui propose de jolies « franges » de toutes tailles et de tous coloris. En réalité, ce sont des prothèses capillaires partielles (couvrant le front, les côtés, la nuque ou les trois), bien plus confortables et moins onéreuses que les perruques, qui se fixent très facilement sur la tête à l'aide d'un bandeau ou d'un serre-tête : en quelques secondes, le tour est joué, et il ne reste plus qu'à leur associer un bonnet ou un foulard pour que l'illusion soit complète.

Bien incapable de faire mon choix, j'envoie un message sur Instagram pour demander des conseils. Julie Meunier, la fondatrice de la marque (et autrice du livre *À mes sœurs de combat*) me répond aussitôt. Non seulement elle m'offre de précieux conseils, mais elle contribue à changer ma vision des choses. Moi qui pensais contacter une marque, je découvre que derrière, il y a une jeune femme qui a vécu la même chose que moi à l'âge de vingt-sept ans, et qui est parvenue à en tirer quelque chose de positif.

En même temps qu'elle me conseille, Julie me transmet son expérience, qui me met du baume au cœur.

Jusqu'à cette rencontre virtuelle, je ne recherchais pas le contact avec d'autres malades – la sororité oui, mais dans la maladie, très peu pour moi. À travers mes échanges avec Julie, je réalise à quel point j'avais tort et combien le soutien entre « sœurs » est précieux. Chacune réagit à sa façon devant la maladie, et ce qui est vrai pour moi ne le sera peut-être pas pour d'autres, mais pour ma part, j'y trouve un immense réconfort.

Jusque-là, l'unique témoignage de femme enceinte à qui on avait diagnostiqué un cancer que j'avais pu trouver était celui d'une patiente décédée depuis, et mes recherches sur les forums de grossesse n'avaient pas donné grand-chose... Sans vraiment me l'avouer, je me sentais bien seule.

C'est encore Julie qui me donne le contact de Justine, une jeune maman qui a été diagnostiquée à un stade de grossesse plus précoce que le mien, et dont le bébé se porte comme un charme.

Dès lors que j'accepte de faire tomber les barrières entre mes « sœurs » et moi, je rencontre d'autres femmes, notamment Joséphine, également suivie à l'Institut Curie, qui a quelques mois d'avance sur mon protocole, et Fanny, qui sera diagnostiquée deux ou trois mois plus tard, enceinte, quelques jours avant mon propre accouchement. Avec cette dernière, le courant passe aussitôt : elle a mon âge, habite dans la ville voisine de la mienne, a fréquenté le même lycée que moi, nous avons des amis en commun et sommes suivies par la même obstétricienne ! Nous aurions pu nous rencontrer dans mille autres circonstances, mais c'est finalement la maladie qui a fait que nos chemins se sont croisés... pour ne plus se séparer.

Tous ces échanges, dont certains aboutissent à de vraies amitiés, représentent d'indispensables planches de salut, auxquelles je me raccroche comme une naufragée en pleine tempête, et que je suis heureuse de partager avec d'autres sœurs.

Hélas, quel que soit notre désir de guérir, de nous battre, de vivre, l'ennemi auquel nous faisons face est si redoutable qu'il emporte certaines d'entre nous. C'est le cas de Milo, Fleur et Clémentine, trois « sœurs » qui m'ont accompagnée depuis le départ et qui ne sont plus là aujourd'hui.

Milo avait mon âge et était mère d'une petite fille prénommée Marion. Entre deux photos de mode et de déco, de plage et de petits plats, elle tenait une discrète chronique de sa maladie sur Instagram, sans pathos et avec l'énergie qui la caractérisait. Nous nous sommes « suivies » réciproquement lorsque j'ai annoncé mon cancer, au mois de février, avant d'entamer une correspondance épisodique, maladie oblige.

Diagnostiquée quelques mois plus tôt, en octobre 2022, Milo a de l'avance sur moi et est un exemple de combativité qui me fait un bien fou. Je la trouve drôle, belle, forte. Jusqu'au bout, elle ne lâche rien, alors que son cancer triple négatif résiste à tous les traitements. Mi-avril, une semaine après son dernier message m'annonçant que ses résultats ne sont pas très bons, mais qu'elle ne perd pas espoir, je découvre la nouvelle de son décès sur son compte Instagram.

C'est un choc, à la fois de perdre l'une de mes « sœurs de combat », emportée en six mois par la maladie, et de réaliser brutalement, au cas où je l'aurais oublié, qu'aussi combatives soyons-nous, le cancer est un adversaire qui ne fait pas de quartier.

Mère de deux enfants, Fleur venait d'avoir cinquante ans. C'est elle qui m'a contactée après ma prise de parole sur BFMTV, me remerciant d'évoquer publiquement cette maladie qui la touche depuis plusieurs années. Grande voyageuse, sportive, bénévole pour différentes associations, très active dans la prévention, Fleur a connu un premier cancer du sein avant la quarantaine, qui a récidivé dix ans après sous forme métastatique.

Après avoir échangé virtuellement, nous finissons par nous rencontrer lors du défilé d'Octobre rose. Aussitôt, je suis subjuguée par cette femme solaire, d'une énergie et d'une beauté incroyables, qui arbore un crâne absolument lisse, sans l'ombre d'un cheveu. J'ai beau savoir qu'un cancer métastatique est par définition incurable, Fleur me paraît invincible. Elle est décédée en novembre 2023. Durant ses obsèques, sa famille, ses amis et ses sœurs de combat (venues nombreuses) lui rendent hommage en présentant un mannequin revêtu du costume qu'elle portait au défilé d'Octobre rose : celui d'une super-héroïne.

J'ai connu Clémentine à travers son podcast *Ma vie face au cancer*, qui lui tenait lieu de « journal » de sa maladie – un cancer des voies biliaires, rarissime chez une femme de trente ans et particulièrement agressif, dont l'issue était écrite d'avance.

Journaliste à France Info, elle savait poser des mots justes sur l'épreuve physique et psychologique qu'elle traversait, les douleurs, les angoisses que le cancer suscitait chez elle et les autres, les espoirs et les regrets, la perspective de la mort, mais aussi les moments « dorés » avec ses proches.

Nous n'avions pas le même type de cancer, et même si le mien paraissait bien inoffensif comparé au sien, je me reconnaissais dans tout ce qu'elle disait. Quand j'ai fini par la contacter pour la remercier d'exprimer avec tant de pudeur et de vérité ce que peuvent éprouver les malades, j'ai découvert une femme dotée, malgré la noirceur de son pronostic et la pesanteur des traitements, d'une empathie hors du commun. Chaque fois que nous échangions, elle me demandait comment j'allais alors qu'elle-même se battait (elle qui détestait être qualifiée de « battante ») contre un ennemi autrement plus redoutable. Évidemment, il n'était pas question que je me plaigne devant elle, alors nous communiquions sur un registre moins dramatique, comparant les mérites de nos « chemo brains » (les curieux effets de la chimiothérapie sur notre cerveau) ou évoquant notre passion commune du journalisme.

Clémentine est décédée le 23 décembre 2023, à trente et un ans, sans que nous ayons pu nous rencontrer. Son podcast, dont les derniers épisodes ont été diffusés après son décès, a connu un très large écho auprès du public, et restitue le ressenti intime face à la maladie avec une justesse et une sobriété bouleversantes.

La première chimio

« La seule chose que nous ayons à craindre, c'est la peur elle-même. »
Franklin D. Roosevelt

Ma première cure de chimiothérapie a donc finalement lieu très rapidement, le 30 janvier, moins de deux semaines après l'annonce de mon cancer. La vitesse de progression de la maladie ne permet pas de perdre une minute.

Je n'ai pas encore subi la seconde intervention destinée à raccourcir mon cathéter, mais le PAC est fonctionnel et la chimiothérapie peut se dérouler normalement – du moins autant qu'il est possible avec un cœur battant constamment la chamade.

Avant d'arriver à l'hôpital, mon téléphone vibre. C'est un message de Colas, un ami journaliste, qui m'envoie un petit montage vidéo réalisé pour l'occasion, avec la complicité de nos collègues de la chaîne, qui s'en donnent à cœur joie pour me témoigner leur soutien. Cela deviendra une sorte de rituel : toutes les trois semaines, j'aurai certes une chimio, mais aussi ma petite vidéo, que j'attendrai chaque fois avec la même impatience.

Dans le même ordre d'idées, j'appliquerai scrupuleusement le concept « une chimio, un cadeau » (que j'ai découvert sur Internet et qu'en bonne *shopaholic*, j'ai adopté aussitôt). Chaque chimio est une victoire – sur la maladie et sur mes propres appréhensions – que je fêterai comme il se doit : robe d'été, boucles d'oreilles, bonnet pour la nuit, massages... Des petits cadeaux pas trop ruineux, mais inestimables pour le moral.

Accompagnée d'Antony, qui tient à être à mes côtés pour cette étape décisive, je suis saisie d'un certain malaise en poussant la porte de la salle d'attente.

Autour de moi, je ne vois que des femmes, et quelques hommes, pour la plupart bien plus âgés que moi, qui m'observent avec étonnement, comme s'ils se demandaient ce que mon gros ventre et moi pouvons bien faire ici. Je me fais toute petite et j'évite soigneusement de croiser leur regard, de peur que l'un d'eux me dise que j'ai dû me tromper de service.

Il n'y a pas un bruit, tout juste quelques murmures intermittents, mais personne ne semble désireux de discuter. L'atmosphère est pesante, lourde d'appréhension, et le silence n'est rompu que par l'arrivée de l'infirmière qui vient appeler un patient.

Il flotte aussi dans l'air une odeur bien particulière, mélange de détergent et de produits de chimiothérapie, que je n'ai jamais sentie ailleurs qu'à Curie, et dont la seule évocation me donne la nausée.

Heureusement, puisque je suis enceinte et que c'est ma première cure, Antony a exceptionnellement l'autorisation de rester, mais ce ne sera plus le cas par la suite. Ils nous ont fait une fleur : depuis le Covid, les accompagnants ne sont plus acceptés, car la plupart des patients sont immunodéprimés et le risque de contagion est trop élevé. Il s'agit aussi de préserver la tranquillité des malades, dont beaucoup sont épuisés et tolèrent mal de baigner dans un brouhaha constant en attendant leur traitement.

Une heure avant le début de la chimio proprement dite, j'applique une crème anesthésiante – qui figure sur ma longue ordonnance – au niveau du PAC, afin que la piqûre destinée à réaliser l'injection soit indolore. Moi qui avais une véritable phobie des aiguilles, je finis par être rodée, même si je conserve le réflexe de détourner le regard chaque fois que l'on me pique.

Cette première fois, j'ai droit à une chambre seule, équipée d'un lit – un véritable luxe. Lors des séances suivantes, je serai dans la salle commune, où lits et fauteuils s'alignent, séparés par des paravents, pour assurer une certaine intimité aux patients.

L'infirmière accroche les poches de solution qui me seront injectées sur le porte-perfusion, puis elle nettoie la zone de ma peau où se trouve le PAC, avant de perfuser dans un premier temps du sérum physiologique destiné à nettoyer le cathéter et à éviter les caillots – opération qu'elle renouvellera entre chaque poche de solution, en guise de rinçage. Enfin, elle vérifie le reflux sanguin avant de démarrer l'administration des produits de chimio.

Une fois qu'une poche de solution a été entièrement injectée, l'appareil sonne pour prévenir l'infirmière qu'elle peut passer à la suivante. Quand on se trouve dans la salle collective, c'est un véritable concert : les appareils bipent dans tous les sens et ne s'arrêtent que lorsque l'infirmière est passée.

Pour mes quatre premières chimios, il est convenu qu'on me perfuse chaque fois quatre poches : un anti-inflammatoire (Solumedrol), un antinauséeux (Primpéran et du Prednisolone tant que je suis enceinte, puis Zophren), puis deux produits de chimio qu'on appelle l'« EC » : une poche d'épirubicine et une poche de cyclophosphamide. Ce sont ces derniers qui provoquent notamment la chute des cheveux.

Pendant la séance, je sens de petits coups de pied dans mon ventre, comme si Léna-Rose réagissait au traitement. Peu rassurée, je me dis que c'est peut-être en raison de ma position allongée – elle se manifeste généralement davantage lorsque je suis au repos qu'en activité, bercée sans doute par mes mouvements. Et puis, d'une certaine façon, elle « sait ». Dès le départ, je lui parle, avec optimisme, mais sans rien lui cacher.

Face à moi, installé dans un grand fauteuil, Antony fait de son mieux pour me rassurer, partage ma petite collation et m'aide à me relever quand je dois foncer soulager ma vessie en urgence – l'un des effets inattendus des produits qu'on m'injecte, et la grossesse, qui n'aide pas ! Au moins, cela nous donne motif à sourire, tout comme la dégaine que me donne le casque réfrigérant destiné à retarder la chute des cheveux en protégeant le bulbe, qui ressemble à un bonnet de joueuse de water-polo. Tout est bon pour faire un peu baisser la tension.

Pourtant, malgré nos efforts, aussitôt que la séance se termine, mes nerfs lâchent. Je fonds en larmes à l'idée que ça y est, le traitement a commencé et ce n'est plus qu'une question de jours avant que mes cheveux ne se mettent à tomber.

Cependant, cette première chimio se passe globalement bien, en tout cas moins mal que je ne l'avais craint. Le seul effet secondaire à signaler dans la foulée est le pipi rouge fluo provoqué par l'épirubicine, qui me donne l'impression d'être un mutant.

C'est le soir venu que la panique revient. Habituellement, dès que je m'étends, Léna-Rose s'éveille et fait une fête de tous les diables dans mon ventre. Cette fois, elle ne bouge pas, ne se manifeste pas.

Je teste différentes positions, fais tinter le bola que je porte toujours autour du cou, croque même un morceau de chocolat en espérant que le sucre la stimule. Je la supplie de bouger : « Mon bébé, tout va bien ? Tu es fatiguée ? Allez, fais-moi un petit coucou... »

Rien.

Saisie d'une folle inquiétude, je demande son avis à Antony. Comme un Indien guettant l'arrivée d'un troupeau de bisons, il colle son oreille sur mon ventre, sans rien détecter d'anormal. Selon lui, les légers gargouillis habituels indiquant l'activité de notre fille sont bien audibles.

Sans doute est-ce mon angoisse qui me joue des tours, mais je ne peux m'empêcher de me demander si ce silence radio est lié à la chimiothérapie ou si ce n'est qu'un hasard. Assise sur mon lit, les genoux repliés, la tête dans mes mains, je m'entends murmurer « Bon D.ieu, ils me l'ont tuée ».

Le lendemain matin, après une nuit agitée, peuplée de cauchemars, toujours rien. Ce n'est que tard dans l'après-midi que Léna-Rose se manifeste enfin et que je peux souffler.

Hormis ce vent de panique qui retombe heureusement vite, les effets secondaires tant redoutés se révèlent en fin de compte plutôt bénins. Dans les jours qui suivent, je ressens simplement une énorme fatigue accompagnée de maux de tête et de quelques nausées et vomissements sans gravité.

Pas grand-chose, somme toute, à côté de ce que j'appréhendais. Du reste, d'après mon oncologue et aussi surprenant que cela puisse paraître, il semble, sans que l'on sache vraiment pourquoi, que la grossesse atténue légèrement les effets secondaires.

Sur le plan physique, en tout cas, à ce moment-là, je le vis plutôt bien. Psychologiquement, en revanche, c'est plus dur, car on a beau savoir que les produits injectés dans notre corps finiront par nous guérir, le traitement n'en reste pas moins très lourd et s'attaque aussi aux cellules saines.

Des hauts et des bas

« Il y aura toujours une autre occasion, un autre ami, un autre amour, une force nouvelle. Pour chaque fin il y a toujours un nouveau départ. »

Antoine de Saint-Exupéry

Sur le plan moral, la chimio n'est qu'une petite pierre de plus sur un chemin difficile depuis le début. Comme je l'ai mentionné, le moment psychologiquement le plus dur est celui qui suit l'annonce du cancer. Le choc est d'une violence inouïe, c'est une balle qu'on se prend dans la tête, sauf qu'on doit se relever malgré ça, et vite.

Il n'y a pas d'autre choix que de partir tout de suite à l'attaque, car le temps est compté. Notre adversaire est redoutable : c'est nous ou lui, alors il faut faire front, sans perdre un instant.

Partir à l'attaque, en langage cancer, ça se traduit par des jours entiers d'examens, tous aussi pénibles les uns que les autres, des heures passées dans les salles d'attente, dans des fauteuils ou sur des lits, la perfusion dans le PAC, tandis que le produit de chimiothérapie s'écoule avec lenteur.

Un peu moins de trois semaines après l'annonce, passée la stupeur initiale, je traverse des montagnes russes émotionnelles, avec quelques hauts, mais surtout de gros bas.

Le week-end de mon anniversaire en est un parfait exemple.

Habituellement, ce jour-là, je saute du lit, prête à attaquer cette journée spéciale, à guetter les SMS et à souffler mes bougies en compagnie de ceux que j'aime.

Quelques jours plus tôt, Clémence, l'une de mes meilleures amies, a évoqué avec mes parents l'idée de m'organiser un anniversaire surprise. Lorsque ma mère a tâté le terrain, en marchant sur des œufs, j'ai ouvert de grands yeux, comme si elle me proposait de sauter en chute libre depuis la stratosphère ou de faire du surf en plein tsunami, en secouant la tête. Merci, mais pas question.

Ce dimanche 5 février, le réveil est difficile, comme les dix-huit qui l'ont précédé. Vous connaissez cette sensation de vous réveiller la tête dans le brouillard, en vous demandant si ce que vous vivez est bien réel ou si c'est juste un cauchemar ? Quelques secondes s'écoulent, puis vous prenez conscience que c'est malheureusement la réalité, et qu'il va malgré tout falloir trouver la force de sortir du lit.

La veille, pourtant, l'échographie du troisième trimestre a montré que ma princesse se portait comme un charme, hélas l'euphorie est bien vite retombée, recouverte par ce brouillard qui refuse de se lever.

Que répondre aux multiples messages me souhaitant un joyeux anniversaire, demandant si je ne suis pas trop fatiguée « avec ma grossesse » ? Que le problème, ce n'est pas franchement ma grossesse, mais ma chimio ? Que pour l'instant, je ne sais même pas si je vivrai jusqu'à mes trente-quatre ans ?

Et que dire de ce SMS plaisantant sur le fait que j'ai atteint l'âge du Christ, qui me ferait sourire en temps normal, mais qui, dans ces circonstances, me laisse un goût amer ?

J'ai l'impression qu'on se moque de moi, et j'en veux à la terre entière. Mais très vite, je me raisonne et ravale ma colère : en dehors de mes amis proches, la plupart des gens ne sont pas au courant de ma maladie. En revanche, cela faisait plusieurs semaines que je montrais fièrement ma silhouette de femme enceinte sur les réseaux sociaux, la réaction de mon entourage plus lointain est donc parfaitement normale, et tous ces messages partent des meilleures intentions.

Alors je me contente de répondre par des mercis polis et de promettre à mes amis qu'on fera la fête quand tout ira mieux. À ce moment-là, je n'ai vraiment pas le cœur à m'amuser. Aujourd'hui, avec le recul, je me dis plus que jamais que vieillir est un privilège et que fêter un anniversaire, c'est célébrer la vie, se projeter dans l'avenir.

Le surlendemain, 7 février (jour de l'anniversaire de mon grand-père, qui aurait fêté ses quatre-vingt-dix-sept ans cette année-là), Antony et moi célébrons les trois ans de notre rencontre. Bien entendu, ce n'est pas aussi joyeux que ç'aurait dû l'être, mais au moins, je prends conscience d'une chose : notre rencontre a changé ma vie, c'est évident, et d'une certaine façon, il se peut qu'elle l'ait aussi sauvée.

Si je n'avais pas rencontré Antony, je serais peut-être célibataire aujourd'hui et sûrement pas enceinte. À l'heure qu'il est, j'aurais vraisemblablement ce cancer sans même le savoir, et on me l'aurait sans doute diagnostiqué des mois plus tard – trop tard –, alors qu'il aurait progressé et serait à un stade avancé, anéantissant mes chances de survie.

Parfois, l'existence ne tient qu'à une série de coïncidences – à cette rencontre et cette grossesse qui m'ont certainement sauvé la vie.

Porter la vie et la maladie

« Mettre le printemps dans son cœur pour se souvenir qu'on est toujours capable de refleurir. »
Anonyme

Outre la question de la précocité du diagnostic (dans mon cas du moins), si l'on doit trouver un avantage à être enceinte au cours d'un cancer (ou de toute autre longue maladie, comme on dit), c'est que tous les rendez-vous médicaux ne sont pas synonymes de déprime, et que l'arrivée d'un bébé représente un véritable rayon de soleil durant ces moments difficiles.

J'étais enceinte de près de six mois lorsque j'ai appris que je souffrais d'un cancer.

Le plus dur est le sentiment de culpabilité, qui m'accompagne constamment depuis le début de cette épreuve. Dès l'annonce, je me suis sentie coupable à l'idée que ma fille puisse ressentir à travers moi des émotions qu'aucun petit être ne devrait connaître, telles que la peur, la colère, parfois une si grande tristesse…

Puis, au fil du traitement et à mesure que l'accouchement approche, d'autres inquiétudes viennent me ronger.

Tous les médecins m'ont répété que la chimiothérapie ne présente aucun risque pour mon bébé, mais je ne peux m'empêcher de culpabiliser de l'exposer à des produits qui mettent à mal mon corps d'adulte – et destinés à ne terrasser rien de moins qu'un cancer.

Je dois aussi d'ores et déjà faire le deuil de mon désir d'allaiter et même d'offrir à ma fille la tétée de bienvenue. La question s'est posée dès le jour du diagnostic, et la réponse a été sans appel : non, bien sûr que non, ce ne sera pas possible, à cause de la chimiothérapie. Ces produits si puissants, si toxiques, passeront dans tout mon corps, y compris dans le lait. L'allaitement est inenvisageable.

Cette réalité, je me la prendrai maintes fois en pleine face avant et après avoir donné naissance à Léna-Rose. Pourquoi ? Tout simplement parce que, cancer ou non, les femmes qui n'allaitent pas sont d'emblée (mal) jugées.

Début février, peu de temps après ma première chimio, j'ai encore tous mes cheveux, pas trop d'effets secondaires, et je profite du semblant de normalité que me laisse le début des traitements – du moins je m'accroche autant que possible à cette illusion, et je m'efforce de vivre ma grossesse aussi pleinement que la situation le permet.

Après un cours de yoga prénatal, alors que nous discutons entre futures mamans, l'une des participantes aborde la question de l'allaitement. Toutes sont enthousiastes à l'idée de donner le sein à leur bébé. Voyant que je ne dis rien, celle qui a lancé le sujet me questionne :

– Et vous, vous comptez allaiter ?

Elle me dévisage, attendant ma réponse. J'hésite un instant, mal à l'aise, et réponds dans un souffle.

– Je ne sais pas.

La fille me toise et se lance dans un petit discours pontifiant sur les recommandations de l'OMS et la supériorité du lait maternel sur le lait artificiel pour les défenses immunitaires du bébé – comme si j'ignorais tout cela !

– Vous devriez au moins essayer, pour votre bébé, conclut-elle sèchement.

Je prétexte une excuse, fourre mes affaires dans mon sac et m'éclipse avant de fondre en larmes.

La tête me tourne. Qu'est-ce qui vient de se passer, au juste ? Qu'est-ce que j'ai fait pour mériter cette double peine ? Non seulement je suis malade et je ne peux pas réaliser mon désir d'allaitement, mais je passe en plus pour une mauvaise mère avant même d'avoir donné naissance à mon enfant. Comme si le choix de me soigner revenait à priver ma fille de ce à quoi elle a droit. Du lait maternel… ou une mère ?

Faut-il le préciser, Léna-Rose n'a peut-être pas eu droit au restaurant étoilé que j'aurais souhaité lui offrir et a dû se contenter de nourriture industrielle, mais c'est une petite fille pleine de vie, qui n'a été malade qu'une seule fois en un an. Aucune femme ne devrait se sentir coupable de ne pas allaiter, quelles qu'en soient les raisons.

Une amie particulière

« La vie est un défi à relever, un bonheur à mériter, une aventure à tenter. »
Mère Teresa

Les trois semaines qui suivent ma première chimio passent à toute vitesse et sans désagrément majeur. Les quelques effets secondaires ne sont déjà plus qu'un lointain souvenir, à ceci près que mon cuir chevelu me tiraille et que je commence à perdre mes cheveux. Bien que désormais plus courts (j'y reviendrai), ils sont encore sur ma tête, sans trou apparent, mais j'ai conscience que la cure suivante va probablement leur porter le coup de grâce.

Ce qui ne diminue pas, en revanche, c'est cette foutue tumeur, dont ma dernière échographie révèle qu'elle n'a pas reculé d'un millimètre.

Nous sommes le 20 février, et je me présente à Curie pour ma deuxième chimiothérapie, avec un petit sac (mon « chemo bag ») contenant plaid, livre, chargeur de téléphone et bouteille d'eau. Inutile de s'encombrer d'une collation, c'est l'hôpital qui la fournit pendant ou après la séance. Pour ma part, je demande systématiquement une madeleine – je ne peux d'ailleurs plus en manger depuis, car mon cerveau en associe désormais le goût aux traitements de chimiothérapie : il y a la madeleine de Proust, et la madeleine de Curie !

Cette fois, Antony n'est pas là, et je ne suis pas dans une chambre individuelle, mais dans la salle commune, au milieu des appareils qui bipent dans tous les sens, comme des machines à sous. Malgré le tumulte alentour, Léna-Rose reste sage comme une image.

Les autres patients me regardent, médusés, me diriger vers un fauteuil avec mon gros ventre, se demandant ce que je fais là.

Une vieille dame me dit que j'ai de la chance, car je suis jeune et que j'ai l'énergie de me battre contre cette maladie, contrairement à elle qui, à quatre-vingts ans, n'en a plus la force. Essayant de garder mon sang-froid, je lui rétorque aussi aimablement que possible qu'à choisir, j'aurais préféré avoir un cancer à son âge plutôt qu'à trente-trois ans, et enceinte qui plus est. Et que je m'estimerai heureuse si je peux ne serait-ce que voir ma fille grandir.

Je m'abstiens également de lui signaler que le pronostic de guérison des personnes jeunes n'est pas nécessairement plus favorable, car leurs tumeurs sont plus agressives en raison de la vitesse de multiplication cellulaire.

Cette deuxième chimio est plus dure que la première, avec des effets secondaires plus prononcés, entre l'extrême fatigue, les vomissements, les maux de tête et la chute des cheveux. Dans les jours qui suivent – et ce sera le cas jusqu'à la fin des traitements – tout m'écœure, et je ne peux rien avaler d'autre que du riz blanc arrosé de jus de citron.

Cependant, malgré ces désagréments, je dois me persuader que la chimio est une « amie », qui va tout faire pour m'amener vers des jours meilleurs. Une amie certes un peu particulière, pas de tout repos – la fameuse copine fidèle et toujours là pour nous, mais fatigante et incorrigible bavarde (c'est peut-être moi, d'ailleurs).

Cette drôle d'amie, je vais la retrouver un peu plus tard que prévu : en fin de compte, l'obstétricienne et l'oncologue ont décidé de déclencher mon accouchement entre la deuxième et la troisième chimio, et non après la troisième comme ils l'avaient envisagé au départ.

Mon prochain « grand rendez-vous », programmé le 13 mars, ne sera donc pas à l'Institut Curie, avec une machine de chimiothérapie, mais à la maternité, avec mon bébé.

Ce n'est qu'un au revoir

« Une femme qui se coupe les cheveux est une femme qui s'apprête à changer de vie. »
Coco Chanel

La plupart du temps, j'ai plutôt bon moral, mais il m'arrive de craquer. Souvent, les coups de blues surviennent quand je suis à plat après les chimios : sans grande surprise, santé physique et mentale vont de pair.

Dans ce maelström d'émotions et de sensations, l'épisode le plus traumatisant – après l'annonce de la maladie – reste cependant sans conteste la perte de mes cheveux. Cette longue crinière, j'y étais très attachée, mais je n'ai pleinement mesuré à quel point elle faisait partie de mon identité que dès lors qu'elle a été menacée.

Mes cheveux, je leur ai tout fait subir dans ma vie, surtout à l'adolescence : bruns, blond platine, orange, longs, au carré, en brosse... tout sauf la boule à zéro. Enfin jusqu'à maintenant.

Une fois la mission perruque accomplie, je me suis trouvée face à un dilemme capillaire : fallait-il attendre que mes cheveux tombent ou devais-je prendre les devants en les coupant, voire en les rasant ? Incapable de trancher, j'ai suivi le conseil de Hédi, responsable de l'espace « soins et étude de la peau » à l'Institut Curie : avant de faire le deuil de mes cheveux tout court, commencer par faire le deuil de mes cheveux longs.

J'ai traîné des pieds pour prendre rendez-vous, désireuse de profiter de ma crinière le plus longtemps possible, mais la peur de découvrir de longues mèches de cheveux sur mon oreiller au réveil m'a finalement convaincue de les raccourcir avant que cela ne se produise.

Les choses se goupillent plutôt bien : mes atermoiements me laissent le temps de programmer une séance photo, la veille de mon rendez-vous chez le coiffeur, qui me permet d'immortaliser à la fois mon ventre rond et mes longs cheveux. Pour moi, il est hors de question de laisser le cancer polluer les moments marquants de ma grossesse.

Le temps de la séance, concentrée sur mon bébé, je parviens presque à oublier mes angoisses. Je prends la pose, heureuse de nous fabriquer de beaux souvenirs. Lorsque nous avons terminé, je regarde la bâche blanche que la photographe a placée au sol, et je n'en crois pas mes yeux. Il y a tant de cheveux qu'on se croirait dans un salon de coiffure.

Le moment de sauter le pas est venu.

Le lendemain, je m'installe dans le fauteuil de Nathalie, ma coiffeuse. J'entends le cliquetis des ciseaux, tandis que de longues mèches brunes tombent au sol. Comme il n'est pas question que mes cheveux partent à la poubelle en un coup de balai comme un vulgaire déchet, Nathalie les récupérera pour en faire don à l'association Fake Hair Don't Care, qui les utilisera pour confectionner une perruque (il faut six à dix donneurs pour en réaliser une seule !).

Couper mes cheveux se révèle moins terrible que je l'avais imaginé, peut-être parce que l'idée d'en faire don m'apaise. Et puis l'avantage, c'est que j'ai déjà presque l'impression de porter une perruque, puisque j'arbore des cheveux très longs depuis de nombreuses années et que ma dernière coupe au carré remonte à ma préadolescence !

Enfin, une perruque de très mauvaise qualité, car deux jours avant ma deuxième chimio, je perds déjà mes cheveux en abondance. Eux qui étaient si vigoureux, si forts, restent désormais piégés entre mes doigts lorsque j'y passe la main. Ce geste, c'est mon premier réflexe le matin, depuis le début du traitement : dès que j'ouvre les yeux, je touche ma tête pour m'assurer que mes cheveux sont toujours là, puis j'y passe la main pour voir s'ils sont bien attachés à mon crâne. J'ai lu quelque part qu'ils pouvaient tous tomber en une seule nuit, et ça me terrorise.

En tout cas, le fait qu'ils soient plus courts rend en effet leur disparition moins éprouvante, psychologiquement et physiquement. Car la perte des cheveux n'est pas pénible seulement sur le plan moral : dans un premier temps ce sont des démangeaisons, suivies de la désagréable impression qu'une main invisible vous tire les cheveux. C'est bien plus douloureux qu'il n'y paraît.

Certaines femmes préfèrent prendre les devants et se raser la tête avant même que leurs cheveux ne se mettent à tomber, manière de garder un semblant de contrôle sur la situation. Je les respecte infiniment pour cela, mais je n'ai pas ce courage. Pour ma part, tant que j'ai encore des cheveux, je les garde : j'ai besoin de voir de mes yeux mon crâne se déplumer avant de sauter le pas.

Leur chute ne se fait pas attendre et bientôt, j'en retrouve partout. Sur mon oreiller au réveil, par mèches entières; coincés entre mes orteils; collés sur mes doigts, mes cuisses et mon ventre lorsque je m'applique de l'huile d'amande douce...

Lors d'un shampoing, je craque. Sous la douche, je regarde, impuissante, l'eau se changer en un tourbillon de cheveux noirs aspirés par la bonde, et je m'effondre, littéralement. Mes mains, mes épaules, mon corps en sont couverts. J'ai beau rincer, c'est sans fin, il y en a toujours plus. À cet instant, je sais que c'est la dernière fois avant un très long moment que je passe la main dans mes cheveux humides.

Nous sommes le 24 février, quatre jours après la deuxième chimio, et j'ai rendez-vous chez le perruquier sur lequel mon choix s'est arrêté il y a une dizaine de jours. Je n'ai pas voulu qu'Antony m'accompagne, car je ne suis pas prête à me dévoiler le crâne lisse devant lui – l'idée de me voir ainsi dans le miroir m'est déjà intolérable. Ma mère est à mes côtés. Après tout, elle m'a déjà vue sans un poil sur le caillou, il y a trente-trois ans, le jour de ma naissance.

La conseillère nous guide jusqu'à une petite salle discrète et m'installe dans un grand fauteuil face à un miroir paravent, avant de s'éclipser pour aller chercher la perruque qu'elle a mise de côté, qu'elle place devant moi : « Psychologiquement, ce sera plus facile de savoir qu'elle est là et qu'elle vous attend », me dit-elle.

Effectivement, à ma grande surprise, voir cette masse de cheveux prête à couvrir mon crâne me rassure beaucoup.

Puis elle ferme les panneaux du miroir pour m'épargner le spectacle, avant de me demander le feu vert pour couper.

Clic, clic, clic.

À chaque coup de ciseaux, je tressaille. Du coin de l'œil, je vois mes dernières mèches tomber sur le sol avec légèreté, comme les feuilles d'un arbre à l'approche de l'hiver. Hélas, celles-là ne reviendront pas au printemps prochain.

Une fois que les ciseaux ont fait leur office, c'est la tondeuse qui prend le relais. Docilement, je reste enfoncée dans mon fauteuil, attendant que cela se termine. Je ne peux m'empêcher de penser aux femmes de ma famille, à mon arrière-grand-mère, qui ont subi l'humiliation de la tonte il y a quatre-vingts ans. Bien entendu, ma situation n'a rien à voir avec la leur. Je suis en sécurité, je vais survivre. Mais j'ai le sentiment qu'elles me regardent, qu'elles m'entourent, et que je me dois d'être forte pour elles et pour toutes les autres.

Lorsque le ronflement de la machine s'arrête, je me tourne vers ma mère, qui me sourit, tandis que la conseillère me complimente sur mon joli crâne, sans bosse et aux proportions harmonieuses, m'apprend-elle. Curieux compliment, que je n'aurais jamais pensé recevoir un jour, mais qui me fait étrangement plaisir.

Elle désigne la perruque : « On y va ? » J'acquiesce, tandis qu'elle me la pose adroitement sur le crâne et déploie le miroir devant moi.

Le résultat est bluffant, en tout cas bien plus satisfaisant que la coupe au carré dégarnie que j'arborais quelques minutes plus tôt. Le réconfort est immédiat : certes je dois faire le deuil de mes vrais cheveux, mais je sais que le calvaire de les voir tomber est désormais derrière moi.

Laissant le miroir ouvert, elle hésite un instant et se tourne vers moi.

– Maintenant, je vais vous montrer comment la mettre et l'entretenir. Mais pour cela, il va d'abord falloir la retirer. Prête ?

Alors que je donne mon accord, elle fait glisser la perruque très lentement, dénudant progressivement mon crâne chauve. Mes larmes coulent, bien sûr, mais en découvrant mon nouveau visage, j'y vois celui d'une guerrière prête à détruire jusqu'à la dernière cellule de l'ennemi.

Il me faudra pas moins de quinze jours pour oser me montrer sans foulard ni perruque devant Antony. Ça ne se fait pas sans mal, mais j'ai besoin qu'il tonde les quelques cheveux récalcitrants qui s'obstinent à revenir, provoquant de désagréables picotements, comme une barbe qui repousse (du moins j'imagine !).

C'est un moment très fort et très dur à la fois. Nous partageons tout, j'ai une confiance aveugle en lui, mais j'appréhende sa réaction. Physiquement, entre la grossesse et la maladie, j'ai si radicalement changé ces derniers mois que j'ai parfois la sensation de me réveiller dans le corps de quelqu'un d'autre. Alors lui, comment va-t-il réagir ? Très vite, l'appréhension laisse place au soulagement. Dans ses yeux, je ne lis ni peur ni dégoût, mais seulement de l'amour. Surtout, franchir ce cap m'apaise et contribue d'une certaine façon à nous rapprocher encore.

Quand Antony me tond, c'est bel et bien un moment de partage. Étrange, unique en son genre, mais rempli d'amour, et qui fait désormais pleinement partie de notre histoire.

L'entourage

« Il arrive un moment où vous devez arrêter de traverser des océans pour des gens qui ne sauteraient même pas une flaque d'eau pour vous. »

Anonyme

Dès le début, je mesure ma chance d'avoir Antony à mes côtés, et ma gratitude à son égard ne fera que croître au fil des semaines.

L'annonce d'un cancer est un bouleversement pour la personne qui en souffre, mais vient aussi mettre à mal tout son environnement social, professionnel, familial. Face au tsunami que représente la maladie, beaucoup de proches prennent peur, à commencer, dans bien des cas, par le conjoint. Les plus exposées sont les femmes, dont une enquête de 2017 indiquait qu'elles avaient six fois plus de chances d'être quittées après l'annonce d'un cancer que les hommes.

J'ai cela en tête dès le départ. Que le cancer est un briseur de couple. Qu'il fait tanguer la cellule familiale. Que mon conjoint va devoir affronter cette épreuve avec moi, qu'il le veuille ou non. Que le cancer va me transformer physiquement en une femme différente de celle qu'il a connue.

Je lui ai plu avec mes longs cheveux soyeux et ma silhouette élancée. Je suis désormais chauve, sans cils ni sourcils, avec quinze kilos de grossesse (certes d'amour, mais...) en plus.

Enfin, une chose au moins n'a pas changé. Comme je le lui rappelle avec ironie peu de temps après l'annonce, je l'avais prévenu quand on s'est rencontrés : je suis une fille pleine de surprises, à qui il arrive toujours un tas de trucs improbables. Avec moi, il n'allait pas s'ennuyer.

Antony ne vacillera à aucun moment. Il sera présent, dévoué et aimant à chaque seconde. C'est mon roc. Sans lui, je serais bien incapable de surmonter tout cela.

Quant à mon entourage plus ou moins proche... Eh bien, comme tous les bouleversements de la vie, choisis ou non, heureux ou non (grossesse, deuil, changement professionnel, etc.), le cancer est un puissant révélateur de ce qui va bien comme de ce qui dysfonctionne dans nos relations avec les autres.

Il y a celles et ceux sur qui je peux compter, qui prennent la situation à bras-le-corps et sont à mes côtés dans la maladie comme dans la bonne santé. Mes parents et Antony en premier lieu, présents à toute heure pour me dorloter, tout comme mon frère, mon oncle, ma tante et ma cousine qui me soutiennent de leur amour. Avec eux, heureusement, je peux exprimer mes angoisses et m'autoriser à craquer, même si je prends garde de les ménager dans la mesure du possible.

J'ai évoqué mon ami Colas et ses géniales petites vidéos réalisées avec la complicité de mes collègues, que j'attends chaque fois avec impatience même si elles sont aussi synonymes de chimiothérapie.

Il y a aussi Mélissa, mon amie de toujours et la meilleure des confidentes, avec qui je fais de longues balades pendant ma grossesse, et Romain, son compagnon, qui vient aider Antony à finir les travaux de la maison. Il y a Leslie, mon amie maquilleuse qui, en dépit de son emploi du temps chargé, trouve régulièrement le temps, armée de ses pinceaux et de sa gentillesse, de me redonner bonne mine pour m'aider à me sentir jolie. Et puis Marina, spécialiste en maquillage permanent qui, touchée par mon histoire, m'a offert le tatouage des sourcils et du liner permanent avant que je perde cils et sourcils. Ou encore Géraldine, qui me déleste d'une partie de ma charge mentale en m'aidant à constituer la future garde-robe de Léna-Rose avec les vêtements de ses deux filles.

Mes amies de l'étranger sont présentes elles aussi, malgré la distance : Sandra qui, de La Réunion, m'envoie un énorme colis rempli de fruits exotiques et de douceurs locales, ou Jessica, la New-Yorkaise, qui me fait parvenir un assortiment de « goodies » pour mon futur bébé grâce auxquels je peux penser à ma grossesse plutôt qu'à la maladie.

Je peux également compter sur mes sœurs de combat, à commencer par Fanny, désormais l'une de mes plus proches amies, qui me soutient à chaque instant avec son énergie hors du commun, et Joséphine, qui répond toujours présente pour me cuisiner de délicieux petits plats et m'apporter son aide après la naissance de Léna-Rose.

Il y a Évelyne Dhéliat, avec qui j'ai eu l'occasion d'échanger plusieurs fois et qui s'est toujours montrée disponible. Avec sa façon simple et directe de s'adresser aux téléspectateurs, en restant toujours elle-même à l'antenne, elle est pour moi un modèle sur le plan professionnel. Désormais, elle est aussi un modèle de guérison, car la voir aussi radieuse et dynamique m'a aidée à garder en tête qu'il y a une vie après le cancer.

C'est aussi le cas de la journaliste Marie-Laure Augry, qui me contacte sur les réseaux sociaux et m'apprend qu'elle a souffert d'un cancer après chacune de ses grossesses, alors qu'elle présentait le *Journal de 13 heures* sur TF1. Ayant eu vent de mon histoire, elle propose de me rencontrer. Son témoignage, et surtout la relation que nous tissons, m'apaisent et me rassurent, me permettent de me sentir moins seule.

Dans ces circonstances, les réseaux sociaux sont d'ailleurs une précieuse source de réconfort : dès lors que j'annonce souffrir d'un cancer, au mois de février, ce sont des torrents d'amour que je reçois de la part d'inconnus, touchés ou non par la maladie. Qu'ils soient également remerciés ici.

Enfin il y a Looney, mon compagnon à quatre pattes depuis huit ans, qui devient encore plus pot de colle et toujours aussi fidèle, comme pour me faire comprendre que rien n'a changé.

À l'inverse, il y a celles et ceux – heureusement peu nombreux – qui prennent leurs jambes à leur cou dès l'annonce, ou presque, comme si le poids de la maladie pesait trop lourd sur leurs épaules ou qu'ils me voyaient déjà morte. Certains font comme si de rien n'était et s'éclipsent sur la pointe des pieds ; d'autres m'offrent leur aide avec empressement avant de se mettre aux abonnés absents.

La maladie fait peur, j'en suis cruellement consciente. Pour la plupart des gens, le cancer reste synonyme de mort, et nombreux sont ceux qui projettent leurs propres angoisses sur moi. Je comprends vite qu'il va me falloir constamment rassurer les autres, gérer leurs angoisses en plus des miennes et faire de mon mieux pour montrer un visage optimiste, même lorsque je ne le suis pas.

Et puis il y a celles et ceux que je ne connais pas ou à peine (parfaits inconnus croisés au hasard ou lointains amis d'amis), qui ne savent pas bien comment réagir et accumulent les maladresses, dispensant des conseils tels des oncologues amateurs, alignant lieux communs et idées reçues sur la maladie, ou remarques à côté de la plaque.

Au cas où je ne me sentirais pas assez coupable, on me demande si je fume (non, en tout cas plus maintenant, et puis quand bien même ce serait toujours le cas, j'ai un cancer du sein, pas du poumon), si ce ne serait pas lié au vaccin contre le Covid (non plus), si je mange sainement (ça dépend)...

Et si jamais j'étais trop optimiste, on m'abreuve aussi de joyeuses anecdotes : « Ma tante a eu la même chose, elle en est morte. »

Mes cheveux commencent à peine à tomber qu'on me recommande de prendre des huiles essentielles – qui me sont interdites puisque je suis enceinte. Puis, lorsqu'ils repoussent enfin et que j'ose sortir sans perruque avec ma coupe ultracourte façon garçonne (l'élection d'Ève Gilles, la première Miss France aux cheveux courts est tombée à point nommé et me donne du courage !), une dame, dans la queue de la pharmacie, me conseille de me laisser pousser les cheveux : « Ça vous irait tout de même mieux ! »

Surtout, pour la plupart des gens, ma grossesse passe au second plan, quand ce n'est pas tout simplement aux oubliettes. Comment pourrais-je leur en vouloir ? Dans leur tête (et parfois dans la mienne), mon cancer a pris le dessus, pourtant, je n'ai qu'une seule envie : qu'on prenne des nouvelles de mon bébé plutôt que de ma tumeur. Qu'au lieu de me questionner sur ma dernière chimio, on me demande comment s'est passée ma dernière écho. Si tout est prêt, pour quand est l'accouchement, si j'ai déjà des idées de prénom...

J'aimerais tellement me concentrer sur mon bébé, du moins parvenir à penser à autre chose qu'à la maladie, mais tout m'y ramène constamment.

PARTIE 3

Donner la vie

« On dit que la naissance vous fait oublier les temps antérieurs ; on dit que mettre au jour, c'est mettre à jour, comme un carnet qu'on fait débuter à blanc en lui arrachant des pages. »

André Pieyre de Mandiargues

Dernière ligne droite

Pendant ce troisième trimestre pour le moins bouleversé, Léna-Rose se fait discrète, comme si elle savait que sa maman était malade et qu'il ne fallait surtout pas lui ajouter d'inquiétudes ou de tracas physiques. Un petit mouvement vient parfois me chatouiller les côtes, me rappelant sa présence, mais j'éprouve désormais plus de réconfort que d'anxiété quand je pense à elle.

Si ma grossesse n'a pas été aussi idyllique que je l'avais rêvé, et pour cause, elle ne s'en passe pas moins étonnamment bien.

Retour en arrière. Le 4 février, la veille de cet anniversaire dont j'ai déjà parlé, alors que j'enchaîne les rendez-vous liés à la maladie (dont un essayage de perruque le soir même), l'échographie du troisième trimestre constitue une parenthèse enchantée, particulièrement bienvenue dans ce quotidien angoissant.

Je suis à trente-deux semaines d'aménorrhée, soit presque sept mois pleins. Je n'irais pas jusqu'à dire que je me porte comme un charme, mais la perspective de revoir la bouille de mon bébé fait passer mes soucis au second plan.

À ce moment, j'ai encore tous mes cheveux, et le simple fait de me trouver dans une salle d'attente où mon gros ventre n'attire guère plus que des regards bienveillants est en soi un immense soulagement. Assise aux côtés d'Antony, parmi d'autres femmes à divers stades de grossesse, j'ai presque le sentiment d'être une future maman comme les autres.

Après une courte attente, l'échographiste nous fait entrer avec un sourire et prend quelques nouvelles pendant que je me déshabille.

– Alors, tout va bien ?

Je le regarde avec des yeux ronds disposer tranquillement le drap d'examen sur la table, presque en sifflotant, comme si la situation était parfaitement normale. Alors je me souviens qu'il n'est au courant de rien. Notre dernière visite remonte au 26 novembre dernier, pour l'échographie du deuxième trimestre, lorsqu'il nous avait confirmé le sexe de notre bébé. Nous étions alors euphoriques, en plein dans les préparatifs de la grande « gender reveal party » prévue début décembre. Dans un tout autre état d'esprit qu'aujourd'hui.

Comment le lui dire ? Moins de trois semaines après l'annonce du diagnostic, il m'est encore difficile de verbaliser ce qui m'arrive, de prononcer des mots comme « cancer » ou « tumeur ». Dans ce cabinet de radiologie où je devrais célébrer la vie qui grandit en moi, il va sans dire que cette perspective me tétanise encore davantage.

Je laisse un blanc avant de bredouiller :

– En fait… ça ne se passe pas vraiment comme je l'avais imaginé.

– Ah bon ? C'est-à-dire ?

– Eh bien… on m'a diagnostiqué un cancer du sein le mois dernier… Ça a été très compliqué, j'ai déjà eu une chimio…

Je m'interromps, vidée, comme si je venais de prononcer un long discours. C'est au tour de l'échographiste d'ouvrir des yeux ronds.

– Comment l'avez-vous appris ?

Je le lui explique, et il salue le geste de mon obstétricienne, confirmant à demi-mot que trop peu de femmes bénéficient d'une palpation pendant leur grossesse.

Puis il m'invite à prendre place sur la table d'examen.

La fraîcheur du gel sur mon ventre bombé éveille des sentiments et des souvenirs heureux des premiers temps de ma grossesse. Tandis que l'échographiste passe lentement la sonde, je contemple l'écran, prête à y voir cette fois une image familière, vivante et lumineuse, au lieu d'un paysage de cauchemar, gris et désolé.

Mon bébé apparaît, tout rond et bien formé : « Un beau profil bien harmonieux », commente-t-il. On aperçoit même le duvet qui recouvre son crâne. Je ne peux retenir un sourire en me disant que Léna-Rose va naître avec plus de cheveux que moi, qui me déplume à grande vitesse.

Il précise que sa tête est bien en bas et que cela ne devrait plus changer jusqu'à l'accouchement. Cela me fait une préoccupation en moins, car je craignais qu'elle soit en siège.

Elle est un peu petite, m'apprend l'échographiste, mais rien d'inquiétant non plus, et elle semble en grande forme.

Malgré tout, je m'interroge : entre la deuxième et la troisième échographie, le poids de Léna-Rose a chuté du soixante-dixième au vingtième percentile. Autrement dit, alors qu'au moment où tout allait bien – avant l'annonce, le stress et les chimios –, mon bébé était censé avoisiner les quatre kilos à la naissance, voilà qu'aujourd'hui, on m'annonce que j'attends une petite crevette, comme si sa courbe de poids s'était soudainement ralentie. Un instant, je me demande si cet infléchissement ne serait pas lié à mon stress et surtout au traitement, puis je m'empresse de balayer cette pensée : tout va bien, elle ne court aucun risque, les médecins ne cessent de me le répéter. Et puis je dois avouer qu'avec ce que mon corps a subi ces derniers temps, je ne suis pas mécontente de porter un poids plume.

Physiquement, donc, tout va (presque) pour le mieux. Léna-Rose se développe parfaitement bien, l'échographie ne montre en tout cas rien d'anormal. Néanmoins, je ne parviens pas à être pleinement rassurée. Le motif de mes craintes est invisible, impalpable – aucune échographie ne pourra le déceler.

Aucune échographie ne me permettra de savoir ce qu'il en est du bien-être de mon bébé.

J'ai beau être joyeuse et positive de nature, une bonne partie de ma grossesse aura été rythmée par la tristesse, la peur, l'angoisse, le stress, la culpabilité, la colère... Léna-Rose m'aura accompagnée à chaque étape, à chaque instant, à chaque haut et chaque bas. Quand on m'a annoncé mon cancer, quand j'ai commencé les chimios, quand mes cheveux sont tombés... J'ai tant pleuré et j'ai été si malheureuse que je crains que ma petite princesse, qui n'a rien demandé à personne, puisse ressentir toutes ces émotions. Qu'elle naisse avec cette tristesse et cette angoisse – ma tristesse et mon angoisse – chevillées au corps.

Des femmes, des mères, des amies

« Les femmes qui s'entraident construisent des ponts vers l'avenir. »
Oprah Winfrey

Tout au long de ma grossesse, je suis cependant rassurée par plusieurs mamans, que j'ai déjà évoquées, dont les parcours sont similaires au mien. Nos échanges constituent pour moi une véritable thérapie, une digue quand l'anxiété menace de me submerger.

Justine, notamment, avec qui j'entretiens une correspondance virtuelle, a découvert son cancer à un stade de grossesse moins avancé que le mien et a subi huit chimiothérapies (sur seize) enceinte. Passée par les mêmes états d'âme que moi, elle m'assure que la relation qu'elle a nouée avec sa fille est d'une force incroyable. Dès le départ, elles ont développé une formidable complicité, presque fusionnelle. Loin d'être un bébé anxieux ou triste, sa fille est une vraie guerrière, débrouillarde et autonome, qui ne se plaint jamais. Leur combat commun n'a fait que renforcer leur lien.

Joséphine, elle, a appris qu'elle souffrait d'un cancer alors que son fils avait six mois. Contrairement à moi, elle a été diagnostiquée après sa grossesse, alors que la tumeur était forcément présente depuis plusieurs mois. Quand je la rencontre, avant ma première chimiothérapie, elle en est à sa septième, et me transmet sa précieuse expérience de jeune maman face à la maladie.

Comme moi, Marie-Laure Augry a découvert la maladie lors de sa première grossesse, à trente-quatre ans. Puis son cancer a récidivé trois ans plus tard, après la naissance de son second enfant. Elle ignore de quel type de cancer du sein elle a souffert, me raconte-t-elle lorsque nous nous rencontrons, mais dans tous les cas, les traitements n'étaient pas aussi performants qu'aujourd'hui et le pronostic était alors bien plus sombre. Voir cette femme pleine de vie, pionnière de la présentation du journal télévisé, qui a eu deux cancers du sein avant ses quarante ans et est maintenant grand-mère, a de quoi redonner espoir à n'importe qui.

Je mesure ma chance d'avoir rencontré des femmes comme celles-ci, qui m'ont épaulée, rassurée, fait comprendre que je n'étais pas seule face à ce cataclysme. Encore une fois (heureusement !), la découverte d'un cancer pendant une grossesse est un événement rarissime, qui touche moins de 0,1 % des femmes enceintes. Aussi bien accompagnées, aussi bien entourées soyons-nous, par nos proches et par le corps médical, on se sent inévitablement désemparée devant l'impensable, perdue face à une situation qui nous dépasse.

Oui, l'équipe médicale est là, oui, nous avons des psychologues à notre disposition, mais la solidarité entre patientes m'aide à la fois à surnager et contribue à donner du sens à ce qui m'arrive. Si je peux, à mon tour, tendre la main, aider d'autres femmes à traverser cette épreuve, alors tout cela n'aura pas été totalement vain.

Ce sera le cas avec la fameuse Fanny, que je rencontre quelques semaines après avoir donné naissance à Léna-Rose. Âgée de trente-trois ans, enceinte de six mois, elle vient de subir sa première chimiothérapie. Je sais exactement ce qu'elle vit, quelles peuvent être ses interrogations, ses angoisses. Le sentiment d'injustice qu'elle éprouve d'avoir tiré le mauvais numéro, d'être dépossédée de sa grossesse, forcée de se préoccuper d'autre chose que des vergetures et des nuits blanches.

Je n'ai que quelques mois « d'avance » sur elle, mais dans cette guerre analogue que nous menons chacune de notre côté, je fais presque figure d'ancienne combattante.

Très vite, Fanny devient davantage qu'une sœur de combat. Bien sûr, je m'efforce de la rassurer, mais nous nous découvrons des affinités au-delà du cancer qui cimentent aussitôt une véritable amitié. Évidemment, nous partageons la même histoire douloureuse, mais nous avons aussi le même humour, la même vision des choses et des centres d'intérêt en commun, qui font passer la maladie au second plan (et c'est tout ce qu'elle mérite !).

Sans déni ni complaisance, nous essayons de dédramatiser et faisons tout pour nous tirer vers le haut : ateliers maquillage et bien-être, création de boucles d'oreilles (l'accessoire indispensable avec nos cheveux courts), sport, shiatsu, défilé d'Octobre rose... Mais aussi organisation d'une petite cérémonie d'EVB (enterrement de vie de *boobs*) avant nos opérations respectives, pour en garder un souvenir aussi léger que possible, avec confection de gâteaux en forme de seins pour moi et piñata en forme de crabe à dégommer pour elle !

Plus tard, Fanny sera présente à chacune de mes chimios ciblées à domicile et même si le cancer n'est pas encore tout à fait derrière nous, ensemble, plus que des patientes, nous sommes d'abord des femmes, des mères, des amies.

Une rencontre

> *« Le temps qui nous reste à vivre est plus important que toutes les années écoulées. »*
>
> **Léon Tolstoï**

Dès le départ, la première oncologue que j'ai vue m'a prévenue : mon accouchement devra certainement être déclenché. Plus précisément, il devra avoir lieu entre deux chimios, avec un délai d'au moins quinze jours après la cure, le temps que mon taux de globules blancs (les leucocytes, qui interviennent dans le système immunitaire) remonte suffisamment pour me permettre de donner naissance à ma fille sans me mettre en danger.

Dans un premier temps, il est convenu qu'il serait déclenché entre la troisième et la quatrième chimio. Cependant, un problème se pose : la troisième cure étant fixée au 13 mars, cela signifie provoquer l'accouchement le 27 au plus tôt, soit moins de dix jours avant le terme, prévu le 6 avril.

Qu'arrivera-t-il si ma petite princesse décide de sortir quelques semaines plus tôt, quelques jours seulement après la chimio ? Serai-je en assez bonne forme pour supporter le marathon que représente un accouchement ?

Le danger est réel, et les médecins ont finalement préféré ne pas prendre le risque. Par mesure de précaution, l'oncologue a donc décidé de décaler ma troisième chimio au 20 mars et d'avancer le déclenchement de mon accouchement au 13. Autrement dit, presque un mois avant le terme, mais suffisamment tard pour que Léna-Rose ne soit pas considérée comme prématurée. Du reste, cela lui évite de subir une troisième chimiothérapie. Encore une fois, j'ai beau vouloir croire les médecins lorsqu'ils me disent que ça ne présente aucun danger pour elle, je suis malgré tout soulagée de pouvoir lui épargner cela.

Évidemment, l'idée du déclenchement ne m'enchante pas. Je dois déjà renoncer à l'allaitement en raison des traitements, et voilà que cette rencontre magique se retrouve elle aussi planifiée comme un vulgaire rendez-vous parmi d'autres inscrits dans mon agenda. Je me sens dépossédée de tout, jusqu'à mon accouchement, qui n'est plus cette incroyable aventure consistant à donner la vie, mais un banal geste technique destiné à aller chercher mon bébé.

J'aurais tant aimé être réveillée en pleine nuit par des contractions, puis partir en catastrophe à la maternité, armée de ma petite valise remplie de gigoteuses et de bodys. Au lieu de cela, c'est par un mail laconique, un froid samedi de février, que j'apprends la date à laquelle je vais devenir maman.

Objet : déclenchement accouchement

bonjour madame hess
voila ce que nous avons trouvé comme accord avec dr C.

déclenchement le 13/03 a 37sa+4
3eme cure de chimio le 20/03
en attendant marche +++++++++
vous viendrez directement au 1er etage en salle de naissance le 13/03 a 8h appelez au XX XX XX XX XX pour prévenir de votre arrivée vers 7h
prenez votre petit dejeuner
prevoyez des boissons sucrees sans pulpe et sucre fruits secs chocolat noir et compotes de pommes

bien à vous

Question magie, on repassera...

Pourtant, rien ne se passe comme prévu, et pour une fois, c'est une bonne nouvelle ! Alors que je ne cesse de penser que ce serait formidable qu'elle choisisse de sortir d'elle-même un peu avant la date programmée, que nous n'ayons pas à la déloger, il semble que Léna-Rose ait décidé de m'écouter.

Comme si elle savait que j'avais besoin d'elle à mes côtés, c'est avec un mois d'avance qu'elle pointe son nez, sans qu'il soit besoin d'aller la chercher.

Le dimanche 5 mars, c'est l'anniversaire de ma mère. Après avoir passé la journée à nous balader avec des amis, nous allons directement chez mes parents – trop fatiguée pour dîner dehors, j'ai commandé un couscous à emporter dans son restaurant favori.

Le repas se déroule normalement, sans incident particulier. J'ai bien quelques contractions sporadiques et plutôt discrètes, mais rien qui puisse me laisser croire que je suis sur le point d'accoucher. Léna-Rose, prévenante, a visiblement décidé de me laisser profiter de mon plat préféré jusqu'au dernier pois chiche. Au moment où je me lève pour débarrasser, je sens que quelque chose se passe et je me fige sur place. Ma mère me regarde, inquiète :

– Qu'est-ce qu'il y a ? Ça ne va pas ?

– Je crois que j'ai perdu les eaux.

Ma valise de maternité n'est pas tout à fait prête : je suis à un mois du terme, l'accouchement doit être déclenché la semaine prochaine et jusque-là, je n'avais aucune raison de penser que les choses allaient se précipiter. Il manque notamment ma perruque, que je fourre à la hâte au milieu des bodys, des couches et des tétines, tandis que je couvre mon crâne d'une frange et d'un foulard – plus confortables pour la circonstance.

Il est un peu plus de 22 heures quand nous partons à la clinique, alors que les contractions se font de plus en plus fortes. La sage-femme qui aurait dû s'occuper de mon accouchement et que j'ai rencontrée quelques jours plus tôt n'est pas de garde ce soir-là, je suis donc reçue par une autre, qui m'examine et confirme : le travail vient tout juste de commencer.

Ce n'est qu'à ce moment-là que je réalise vraiment ce qui se passe : je ne vais pas accoucher le 13 mars, artificiellement, comme prévu, mais ce soir même, de façon naturelle. Grisée, électrisée, j'éprouve un mélange de joie et d'appréhension à l'idée de ce saut dans le vide. Le même, sans doute, que ressentent toutes les futures mères.

La sage-femme a déjà pris connaissance de mon dossier, où figurent à la fois les informations concernant la maladie et l'évolution de ma grossesse, et me guide avec la plus grande douceur.

La maternité est très calme, loin de l'effervescence qui y règne parfois. Nous ne croisons aucune autre femme sur le point d'accoucher, comme si Léna-Rose était le seul bébé décidé à voir le jour cette nuit-là, dans cette clinique de la banlieue sud.

Vers minuit, les contractions s'accélèrent et la question de la péridurale ne va pas tarder à se poser. Je souhaiterais en bénéficier – j'ai suffisamment dégusté ces derniers temps pour m'épargner les douleurs de l'accouchement –, et l'anesthésiste que j'ai rencontré quelques semaines plus tôt n'y a pas vu de contre-indications.

Cependant, étant donné les circonstances, elle juge préférable de réaliser de nouvelles analyses avant de se prononcer. Nous attendons fébrilement les résultats, alors que les contractions se rapprochent et s'intensifient encore. Je croise fort les doigts, sans pouvoir m'empêcher de me dire qu'avec la chance que j'ai en ce moment, c'est fichu d'avance !

Au bout d'un long moment, la sage-femme revient en s'excusant de nous avoir fait attendre : les biologistes du labo ont trouvé mes résultats surprenants – plusieurs valeurs sont inférieures ou supérieures à ce qu'elles devraient être, en tout cas chez une personne en bonne santé – et elle a dû leur expliquer la situation. Avec le traitement que je suis, notamment la chimio que j'ai subie deux semaines plus tôt, le déficit de globules blancs est normal, et le labo a finalement donné son accord, à mon grand soulagement.

– C'est bon ! Patientez encore un peu, l'anesthésiste va venir vous voir.

Je ne le regretterai pas, puisqu'il me faudra attendre près de cinq heures, puis pousser trois quarts d'heure supplémentaires avant de découvrir le visage de ma fille.

Un accouchement tout ce qu'il y a de plus normal, en somme, que mon état physique me permet de supporter. Deux semaines se sont écoulées depuis ma dernière chimio, les effets secondaires sont loin derrière moi : l'effort se révèle aussi surmontable que pour n'importe qui.

À 5 h 59, Léna-Rose sort enfin, naturellement, sans spatules ni forceps. Pourtant, les heures passées dans le col de l'utérus ont comprimé son crâne, qui affiche une forme en « pain de sucre ». Personne ne m'a prévenue que cela pouvait arriver, et je ne peux réprimer un mouvement d'effroi en la voyant. Dans mon état d'épuisement post-partum, les idées les plus folles me viennent à l'esprit : c'est l'effet de la chimio ! Qu'est-ce que j'ai fait à mon bébé ? Voyant mon expression, la sage-femme me rassure aussitôt :

– C'est normal ! Dans quelques heures, tout sera rentré dans l'ordre.

Il me faut un instant pour me raisonner, mais évidemment, elle dit vrai. Bientôt, son crâne reprend la jolie forme arrondie que j'avais aperçue à l'échographie.

Cette frayeur initiale passée, lorsque je peux enfin tenir Léna-Rose contre moi, une sensation de sérénité que je n'avais pas connue depuis des mois m'envahit. Ma fille dans les bras, je sais que j'ai toutes les raisons de croire en un avenir meilleur. Elle est ma toute première victoire sur la maladie, l'espoir incarné, un ange venu du ciel à ma rescousse, qui m'aidera à garder la tête hors de l'eau et veillera à ce que le navire ne coule pas, même au plus fort de la tempête. Je dois être là pour elle comme elle est là pour moi, ne rien lâcher.

Sur son minuscule visage flotte l'expression béate des nouveau-nés, dont on dit qu'ils sourient aux anges.

Ses sourires, je veux les collectionner longtemps encore.

Comme prévu, ma fille est une crevette de 2,3 kilos pour 45 centimètres. Un petit gabarit normal pour un bébé né un mois avant terme, qui ne suscite pas d'inquiétude, mais nécessite une attention particulière les premiers jours – stimulation, biberons à intervalles rapprochés... – que je suis bien incapable de lui offrir après cette nuit blanche, sans même parler du reste.

L'équipe du service de néonatalogie, qui accueille les prématurés, l'emmène à la nurserie pour me permettre de souffler. C'est un soulagement, mais aussi un moment très dur : j'ai porté ce bébé pendant huit mois, les plus chaotiques de mon existence. Huit mois durant lesquels elle a toujours été là, à se battre à mes côtés, à me soutenir dans l'épreuve... Soudain, le fait d'être incapable de m'occuper d'elle alors qu'elle m'a permis de tenir et m'a même sauvé la vie m'apparaît comme une trahison à son égard, un aveu d'échec insurmontable.

Je regagne ma chambre en regardant la puéricultrice disparaître avec le petit chariot où Léna-Rose somnole, minuscule, emmitouflée dans sa gigoteuse.

De toute évidence, je sais que c'est la bonne décision, que dans mon état de fatigue, il est plus raisonnable pour elle comme pour moi de déléguer les soins des premières heures à l'équipe de la maternité. Pourtant, je ne peux m'empêcher de me sentir coupable : ma fille est à peine née, et je la confie déjà à des inconnus plus à même que moi de s'en occuper. Elle a été là pour moi et je ne suis même pas là pour elle pendant les premières heures de sa vie... Pourquoi ne suis-je pas à la hauteur ?

Quelques minutes plus tard, la puéricultrice revient sans le chariot et me sourit depuis le seuil de la chambre.

–Ne vous inquiétez pas, elle va très bien. Reposez-vous, je vous la ramène dans l'après-midi.

Quelques heures plus tard, dans un demi-sommeil, j'entends la porte s'entrouvrir, suivi du léger grincement du petit chariot où Léna-Rose dort paisiblement.

–Je lui ai donné le biberon à 15 heures, il faudra lui donner le suivant dans deux heures. Est-ce que vous vous sentez de la garder ?

J'acquiesce et la prends enfin sur moi, contre ma peau. Ce peau-à-peau magique que j'aimerais ne jamais voir s'arrêter.

Léna-Rose

Léna-Rose. C'est son prénom. Nous l'avions choisi bien avant la découverte de ma maladie, et bien avant même de connaître le sexe de notre bébé !

Léna et Rose. Deux prénoms que j'adorais, et comme nous étions à la recherche d'un prénom plus original, l'assemblage des deux nous a paru évident.

Léna signifie « éclat du soleil » et, troublante coïncidence, le rose a été choisi comme symbole de la lutte contre le cancer du sein, car c'est une couleur, pour citer l'association Breast Cancer Action, « féminine, douce, joyeuse et qui évoque la bonne santé, tout ce que le cancer n'est pas ».

Un prénom qui n'aurait pas pu mieux aller à mon bébé soleil, ma sauveuse, ma petite guerrière au caractère déjà bien trempé, venue au monde comme bon lui semblait, choisissant comme une grande la date et l'heure de son arrivée.

« Hé, vous ne croyiez tout de même pas que vous alliez me déloger ?! »

Malicieuse, coquine, un peu chipie (mais un amour de chipie), Léna-Rose sait ce qu'elle veut et elle sait surtout déjà se faire comprendre !

Quand elle s'endort, dans son berceau collé à notre lit, elle referme sa petite main vigoureuse sur mon auriculaire et ne le lâche plus, si bien que je prends l'habitude de dormir le bras tendu pour garder le contact avec elle.

Petit à petit, notre relation se construit.

La maternité

> *« Chaque femme doit être sa propre héroïne. »*
>
> **Marie Curie**

J'ai conscience que de nouveaux défis m'attendent durant cette période exceptionnelle, mais en attendant, je rêve de profiter du moment suspendu que devrait constituer le séjour à la maternité.

Évidemment, les choses ne sont pas aussi simples que je l'aurais souhaité. Pourtant, j'ai la chance d'avoir Antony à mes côtés, qui partage la petite chambre que l'on m'a attribuée.

Pour commencer, le séjour durera plus longtemps que prévu. J'accouche le lundi et ma sortie est prévue le samedi, mais l'un des pédiatres n'y est pas favorable, car Léna-Rose n'a pas repris assez de poids et doit encore être stimulée pour s'alimenter. Finalement, nous ne sortirons que le mardi, après huit jours dont je garde un souvenir mitigé.

Si l'équipe de la maternité se montre dans l'ensemble bienveillante et aux petits soins, je suis tout de même confrontée à des comportements ou des propos pour le moins maladroits, pour ne pas dire franchement déplacés. Exténuée, je reçois cette violence verbale de plein fouet.

Par exemple, alors même que j'ai pris la précaution d'annoncer la couleur dès le départ, la question de l'allaitement revient constamment sur le tapis.

« Ah, vous avez choisi de ne pas allaiter... », me lance une sage-femme avec une moue qui en dit long.

Non, je n'ai rien choisi du tout, à commencer par ce foutu cancer, qui pourrit jusqu'à mon lait – c'est ainsi que je me le formule. Mais je me tais et me contente de pleurer en silence, essayant désespérément de faire boire ma fille qui refuse le biberon, me sentant comme une mauvaise mère, incapable de nourrir mon enfant.

La veille de notre départ, je me dis qu'il faut que je reprenne des forces après m'être occupée de Léna-Rose, avec Antony, toute la semaine – à ce stade, nous devons la réveiller toutes les trois heures pour lui faire prendre son biberon, de jour comme de nuit. Le temps qu'elle boive et fasse son rot, puis que l'on change sa couche et la rendorme, il ne reste parfois qu'une petite heure avant que tout le processus recommence. C'est peu dire que je suis sur les rotules, or ma prochaine chimio est programmée une semaine plus tard : je dois avoir récupéré autant que possible d'ici là.

Le soir, je vais voir l'équipe de puéricultrices de garde pour demander s'il leur est possible de garder Léna-Rose à la nurserie, comme elles l'ont fait le premier jour, pour que je puisse dormir au moins quelques heures d'affilée.

Après tout, c'est aussi à cela que sert une maternité : à se faire épauler les premiers jours suivant l'épreuve sportive de haut niveau que représentent une grossesse, un accouchement et l'arrivée d'un nouveau-né.

Pourtant, ça ne semble pas être l'avis de la puéricultrice de nuit, qui m'envoie promener sans ménagement :

– Vous voulez vraiment sortir demain ? Parce que dans ces conditions, je ne vous laisse pas rentrer chez vous !

– Comment ça ?

– On ne sera pas là pour vous aider demain soir ! Si vous voulez sortir, il va falloir commencer par montrer que vous êtes capable de vous occuper de votre fille cette nuit.

– Mais...

L'air consterné, comme si j'étais une enfant à laquelle il faut tout expliquer, elle m'assène avec condescendance :

– Et le papa, il est où ? Il est avec vous, non ? Je ne comprends pas, il ne peut pas vous aider, le papa ?

J'ai envie de lui répondre que le papa, il est présent, et même très présent, et il fait sa part, mais que quand il faut mettre l'alarme pour donner le biberon trois fois par nuit, ça me réveille, moi aussi. Pourtant, je ne dis rien. Estomaquée, trop épuisée pour protester, je rebrousse chemin avec mon petit chariot, où Léna-Rose dort paisiblement, et retourne dans ma chambre, en pleurs.

J'éprouve un sentiment d'humiliation et de profonde injustice à me voir refuser l'aide que je suis venue demander, comme si je ne la méritais pas. À bout de nerfs, je suis presque tentée de m'enfuir de cette maternité où je suis confinée depuis une semaine sans avoir pu mettre un pied dehors.

À mille lieues de la tension qui m'envahit, ma fille, toujours assoupie, est l'image même de la sérénité.

Le lendemain, je fais part de l'incident à l'équipe de jour et me vois répondre que la puéricultrice en question – qui viendra s'excuser par la suite – n'était « pas au courant » de la situation.

Tout est pourtant inscrit dans mon dossier, mais visiblement, l'information a du mal à passer. Au lieu de me laisser porter, je dois expliquer et réexpliquer que je suis malade, exténuée. Que ce n'est pas de la mauvaise volonté, que j'aimerais pouvoir me lever en pleine nuit pour rassurer et allaiter mon enfant, mais que ce n'est tout simplement pas possible…

Avec le recul, ces comportements me paraissent franchement lunaires. Est-ce vraiment à moi, étrangère au milieu médical, de leur expliquer combien un accouchement et une chimio m'ont épuisée ?

Ou bien n'ai-je pas l'air suffisamment malade pour mériter leur sollicitude ? Est-ce parce qu'avec mes foulards colorés et mon maquillage léger je ne renvoie pas l'image d'une « cancéreuse » que l'on m'envoie promener ainsi ? Ce jour-là, et pas pour la première ni la dernière fois, j'ai le sentiment que mes efforts pour garder figure humaine en prenant soin de moi me portent préjudice.

Dans mon esprit, il s'agit avant tout de me faire belle pour me sentir mieux face à mon reflet dans le miroir, pour retrouver un peu de mon identité. Pour les autres, en tout cas pour certains, c'est comme si une touche d'anticernes et de blush, un brin de mascara (puis des faux cils quand je perdrai les vrais), une frange ou une perruque suffisaient à éliminer purement et simplement la maladie !

Certes, j'aurais pu montrer le vrai visage du cancer – c'est-à-dire sortir chauve, sans maquillage, sans cils ni sourcils –, mais ce n'était pas mon choix. Pourquoi ? Par amour-propre sans doute, pour ne pas déprimer, pour rester féminine. Pour rester moi.

L'inconvénient d'un camouflage réussi, c'est qu'il fait si bien oublier la maladie que les autres attendent de nous la même énergie, la même vitalité, qu'une personne en bonne santé. Ou bien – ce qui est presque pire – ils gardent la maladie dans un coin de leur tête, et nous affublent, en plus du maquillage, d'une cape de super-héros, faisant de nous des « warriors » capables de tout encaisser. Combien de fois ai-je entendu « Tu as bonne mine » alors que j'étais au fond du trou ?

Faire partir le cancer en un coup de pinceau, ce serait trop beau !

Cependant, ne pas avoir l'air malade a aussi des bons côtés. Si le comportement de certains membres de l'équipe de la maternité m'exaspère, je me réjouis plutôt de passer « incognito » auprès des autres mères que nous croisons cette semaine-là. Frange et foulard sur le crâne, légèrement maquillée, je donne le bain à Léna-Rose dans la salle commune sans attirer les regards ni susciter la curiosité. Pendant ces moments-là, ma fille dans les bras, parmi les autres jeunes mamans aux traits tirés, j'oublie (presque) ce foutu cancer.

Et puis surtout, il y a Léna-Rose, si belle, que je ne cesse d'admirer. Elle est si petite que j'ose à peine la prendre, la manipuler, de peur de la casser, comme si elle était une petite poupée de porcelaine. Elle flotte même dans les minuscules bodys et pyjamas de taille naissance que ma mère est allée lui acheter au dernier moment, quand Léna-Rose a décidé de pointer son nez à l'avance.

Lorsqu'elle est contre ma peau, je lui parle, je lui dis que je serai toujours là pour elle et que je ferai de mon mieux. Qu'elle ne se rappellera pas cette période difficile et que ses premiers souvenirs seront ceux d'une maman forte et guérie. Je l'aime, heureusement qu'elle est là. Tout ira bien.

Tenir le cap

« Si vous avez l'impression de tout perdre, rappelez-vous que les arbres perdent leurs feuilles tous les ans mais restent debout et attendent des jours meilleurs. »

Anonyme

Après cette parenthèse (relativement) enchantée, retour à la case chimio. Je dois encore subir deux cures d'EC, suivies de quatre de Taxotere. Cela doit me mener jusqu'à début juillet, après quoi je subirai une mastectomie partielle. Ce sont ensuite les résultats de l'analyse des cellules prélevées lors de l'opération qui détermineront la suite du traitement, selon qu'il restera ou non des cellules cancéreuses.

Suivant les conseils des médecins, je m'efforce de boire beaucoup d'eau – pour évacuer les traitements de chimio – et de garder une activité physique, adaptée bien sûr. Je marche, fais un peu d'abdos et de vélo elliptique quand mon état me le permet. C'est bon pour le moral, et il est prouvé que se maintenir en forme (bien manger, s'hydrater, faire du sport) diminue le risque de récidive.

Jusque-là, hormis pendant les quelques heures qu'elle a passées à la nurserie, je n'ai jamais été séparée de Léna-Rose. Généralement, quand on laisse son bébé pour la première fois, c'est pour s'offrir une après-midi entre copines, un massage ou une séance de cinéma. Pour se détendre, prendre un peu de temps pour soi après neuf mois de relation fusionnelle et le branle-bas des premiers jours.

Le lundi 20 mars, deux semaines à peine après mon accouchement et moins d'une semaine après la sortie de la maternité, c'est pour me rendre au département de chimiothérapie de l'Institut Curie que je laisse ma fille pour la première fois.

Il fait encore très froid et je passe l'essentiel de mon temps à la maison, essayant de profiter de Léna-Rose au maximum, car je sais que les jours qui suivront cette troisième cure seront difficiles et qu'Antony devra prendre le relais. C'est ma plus grande crainte pendant cette période : comment vais-je conserver le lien avec Léna-Rose, alors que je ne peux pas m'occuper d'elle, que je dors dans une chambre à part pour me reposer après les chimios tandis qu'Antony enchaîne les nuits hachées ? Il y a bien les câlins et le peau-à-peau le jour, mais comment maintenir le lien alors que je suis si absente ? La cure de câlinothérapie nous aidera-t-elle à affronter celle, bien moins agréable, qui m'attend ?

Malheureusement, j'ai vu juste : les effets secondaires (ou disons collatéraux, car ils n'ont rien de « secondaires » !) de cette nouvelle chimio sont pires que tout ce que j'ai connu jusque-là. Au quatrième jour, je suis prise de « bouffées de fraîcheur » : je gèle, frissonne, tremble, comme si j'étais dehors en plein hiver. La nausée est terrible, assortie de maux de tête et de ventre, de diarrhées, de douleurs dans la nuque et les lombaires. Surtout, je me sens terriblement faible, incapable de m'occuper de moi-même, et encore moins d'un nouveau-né. Au plus fort des nausées, je m'interdis même de rester seule avec ma fille à la maison, au cas où je serais prise d'un malaise qui pourrait la mettre en danger.

Dans les moments de répit, je me rends à la pharmacie, où je jongle entre les couches et le lait maternisé, et les antivomitifs et les antidouleurs. Près de chez moi, certains pharmaciens sont au courant et me posent des questions, bienveillantes ou curieuses, auxquelles je n'ai pas toujours l'envie ni l'énergie de répondre, quand d'autres m'abreuvent carrément de conseils plus ou moins éclairés : l'une des vendeuses s'est même fait une spécialité, lorsque j'arrive avec mon ordonnance longue comme le bras, de me proposer huiles et potions prétendument anticancer – comprenant parfois des ingrédients contre-indiqués ! – que je refuse avec une patience stoïque. Alors je vais faire mes drôles de courses ailleurs ou bien j'envoie Antony, qui a dû aller à la pharmacie un million de fois en un an... Je vois parfois des regards perplexes devant ma prise en charge à 100 % à la fois pour affection de longue durée (ALD) et maternité, mais personne ne se risque à m'en faire la remarque.

Le temps de me remettre, la chimio suivante, programmée pour le 11 avril, s'annonce déjà. Terrorisée, je suis presque tentée de renoncer. Le seul mot « chimio », la simple évocation de l'odeur particulière du département de chimiothérapie de l'Institut Curie, me provoque des maux de ventre et me donne la nausée. J'ai des haut-le-cœur quand je pense à la poche de couleur rouge d'épirubicine, celle qui nous fait faire des pipis vermillon. Je suis dans un état si lamentable qu'Antony est à deux doigts d'appeler le Samu.

Une chose est sûre : plus jamais de ma vie, je ne me plaindrai pour un rien !

Pour l'heure, j'ai juste envie de mourir, mais il n'y a pas le choix : soit je continue la chimio et j'en bave, mais la tumeur aussi, soit je meurs pour de bon. Le choix est vite fait : tu meurs, la tumeur.

Alors je prends mon courage à deux mains et je mets toutes les chances de mon côté en recourant aux soins de support, avec l'accord de mon oncologue : homéopathie, magnétiseur, acupuncteur... Cela ne fonctionne pas toujours, mais au moins, je sais que j'ai fait le maximum pour souffrir le moins possible.

Finalement, cette dernière cure d'EC se passe un peu mieux que la précédente. Ce n'est pas encore glorieux, mais l'acupuncture m'aide bien, et j'ai pu me requinquer grâce à Antony et à mes parents, chez qui nous logeons le temps que les travaux de notre maison se terminent. Aux petits soins, ils nous dorlotent tous les trois, Antony, Léna-Rose et moi.

Trois semaines plus tard, le moment vient enfin de passer au fameux Taxotere. Si je suis soulagée d'arrêter l'EC, cette nouvelle cure s'apparente à un nouveau saut dans l'inconnu. J'ignore tout des possibles effets collatéraux, ou plutôt, j'entends tout et son contraire : certains me disent l'avoir mieux supporté que l'EC, tandis que pour d'autres c'est l'inverse. Apparemment, dans le cas du Taxotere, les conséquences sont imprévisibles et propres à chaque patient.

Ce sur quoi tout le monde s'accorde, en revanche, et que je vais bientôt vérifier, c'est que le produit est traître, car ses effets secondaires se manifestent à retardement – trois jours, cinq jours, selon les personnes…

Pour ma part, je ne tarderai pas à le rebaptiser « Taxoterroriste », tant ses effets seront dévastateurs sur moi.

Premier aspect aussi déconcertant que désagréable : pendant la perfusion, il faut porter, comme pour l'EC, le « bonnet de water-polo », auquel s'ajoutent en prime une paire de gants et de chaussons réfrigérants, destinés à prévenir les neuropathies (affections du système nerveux périphérique provoquant des fourmillements, voire des douleurs, dans les doigts et les orteils). Outre son esthétique discutable, cette panoplie se révèle surtout très inconfortable. Impossible de lire ou de consulter son téléphone avec ces espèces de moufles qui pèsent une tonne et me donnent l'impression de porter des gants de boxe (le « crabe » n'a qu'à bien se tenir !). Pour passer le temps, je télécharge des séries que je lance avant d'enfiler les gants.

La sensation glacée sur un crâne chauve n'a rien d'une partie de plaisir, de même que le froid sur les orteils et les doigts. Il est d'ailleurs conseillé de couvrir sa tête d'un tissu, et de garder une paire de chaussettes fines et des gants ou des mitaines. Lors de ma première cure, une femme croisée dans la salle d'attente, qui terminait son traitement, m'a donné ses propres mitaines, que j'ai utilisées pour toutes mes chimios.

À ma grande surprise, le jour de cette première injection de Taxotere, je suis étonnamment en forme. J'interviens même en direct sur le plateau de BFM, toujours avec l'accord de mon oncologue, sans que personne n'y voie que du feu. Interviewée par Aurélie Casse pour évoquer mon parcours de patiente, c'est l'occasion de revoir de nombreux collègues que je n'ai plus croisés depuis longtemps. Après l'émission, je m'attarde dans les locaux pour bavarder comme si de rien n'était – c'est d'ailleurs la sensation que j'ai ce jour-là. L'espace d'un instant, je suis revenue plusieurs mois en arrière, comme si tout cela n'était jamais arrivé.

Regonflée par les messages de téléspectateurs qui affluent dans la foulée de la diffusion (et par la cortisone accompagnant la chimio), non seulement je ne me sens pas malade, mais j'ai la sensation d'être utile. J'ai déjà ressenti cela avec mes sœurs de combat, et si cette fois le contact est « virtuel », je mesure malgré tout combien le fait d'évoquer publiquement la maladie est essentiel pour celles et ceux qui, derrière leur écran, traversent la même épreuve. Encore une fois, sans chercher à positiver à tout prix, le fait de pouvoir tendre la main à d'autres malades et à leurs proches me permet aussi de donner un peu de sens à ce qui m'arrive et ne pas voir tout en noir.

Cependant, échaudée par les expériences précédentes, j'ai appris à me méfier de l'eau qui dort, surtout en matière de cancer. Et ça ne rate pas. Comme un tsunami qui se prépare, c'est d'abord le calme plat, puis les effets déferlent cinq jours plus tard, avec une violence inouïe. Pour être honnête, j'ignore si c'est l'effet du Taxotere en soi ou l'accumulation des traitements, avec la fatigue consécutive à l'accouchement et la présence d'un nourrisson, toujours est-il que je suis encore plus mal que lors des chimios précédentes.

J'ai la nausée du soir au matin, de la fièvre, des maux de tête, de ventre, de gorge, des douleurs musculaires, des plaques rouges, une infection urinaire, des aphtes, la bouche pâteuse et le goût modifié, les yeux secs, je perds mes cils et mes sourcils, et j'en passe... Au total, je note plus d'une quinzaine d'effets secondaires !

De plus, la douleur est totalement imprévisible : un coup, c'est au genou, la seconde d'après c'est au coude, au dos, à la tête... Comme une épée de Damoclès folle suspendue au-dessus de moi qui frappe au hasard, n'importe comment, n'importe où, à tout moment.

Encore une fois, il ne s'agit que de mon cas personnel et les effets du traitement diffèrent selon les patients. Mais pour ma part, j'ai l'impression qu'un camion m'a roulé dessus.

Léna-Rose, toujours

« Là où on s'aime il ne fait jamais nuit. »
Proverbe africain

Durant toute cette période où le Taxotere ne me laisse que peu de répit, c'est essentiellement Antony qui s'occupe de Léna-Rose.

Pour ma part, je reste tributaire du rythme imposé par les chimios : dans les dix jours qui suivent chaque cure, je fais ce que je peux (c'est-à-dire pas grand-chose), en me reposant largement sur Antony et mes parents. Mais les dix jours suivants, dès que les effets secondaires s'apaisent et que je « ressuscite enfin », je tiens absolument à remplir mon rôle de mère de A à Z, toute seule, y compris la nuit. C'est un besoin viscéral : je suis exténuée, mais ça me fait du bien et ça permet à Antony de souffler, de se libérer un peu de l'énorme charge mentale qu'il porte depuis le début de ma maladie.

Je profite aussi de l'arrivée des beaux jours pour sortir marcher avec ma fille dans sa poussette ou dans le porte-bébé. J'essaie de me faire du bien, tout en passant le plus de temps possible avec mon bébé.

Pourtant, malgré tous mes efforts pour être là pour Léna-Rose, une autre inquiétude me taraude. Entre sa naissance et la fin des chimiothérapies, en juillet, j'ai perdu successivement mes cheveux, mes cils et mes sourcils. Je porte parfois des franges ou un foulard, parfois une perruque ou une autre. Dans cette phase où la vision du bébé s'améliore et où il commence à identifier les différents visages qui l'entourent, ma crainte – rationnelle ou non – est que ma fille ne me reconnaisse pas, ou croie que je suis plusieurs personnes.

De fait, lorsque Léna-Rose a cinq ou six mois, je vois bien qu'elle me regarde avec étonnement dès que je change de perruque. Elle me fixe, intriguée, légèrement dubitative, comme si elle n'était pas tout à fait sûre qu'il s'agisse bien de sa maman. Souvent, elle tend même les mains pour essayer de l'attraper, comme pour s'assurer que ce sont simplement mes cheveux qui ont changé, et que je suis bien toujours la même.

Quand mes cils repoussent et que je peux recommencer à mettre du mascara, elle le remarque aussi et tente, du bout des doigts, de toucher ces drôles de poils tout neufs, voire de les arracher. Cette petite chipie est décidément très observatrice... Heureusement, ses réflexes ne sont pas à la hauteur de son insatiable curiosité, et je parviens à sauver mes précieux cils, dont j'ai tant attendu le retour, de ses petites mains maladroites.

Consciente qu'elle m'étudie et remarque le moindre détail, je me pose mille questions : va-t-elle me reconnaître ? Ces changements vont-ils s'ancrer dans son esprit ? Pensera-t-elle que les cheveux sont une sorte d'appendice interchangeable ?

Cependant, elle fait preuve d'une capacité d'adaptation sidérante. À aucun moment, dans ses yeux, je ne me vois malade. Jamais elle ne me fait sentir que je ne suis pas à la hauteur, même quand je m'occupe tant bien que mal d'elle après mes traitements de chimio ; jamais elle ne pleure, jamais elle ne m'adresse de reproche muet. Jamais elle ne me fait me sentir coupable. Au contraire : j'ai parfois l'impression qu'elle se donne pour mission de me faire rire avec ses pitreries.

Même quand je me sens épuisée ou moche, elle a toujours le même regard plein d'amour pour sa maman, à l'affût de mes sourires.

Dans le miroir des yeux de ma fille, je ne vois qu'une Virgilia « normale », une Virgilia vivante.

La présence, l'existence même de Léna-Rose, est un immense soutien dans cette dernière ligne droite si éprouvante.

Désormais, je ne me bats plus « seulement » pour ma vie, pour moi et pour ceux qui m'aiment. Désormais, j'ai aussi une petite fille qui a besoin de sa maman, et il est plus impensable que jamais que je baisse les bras. Désormais, je me dois de gagner cette guerre, d'être encore plus forte, pour lui montrer que je suis là et que je l'aime.

Dans mon esprit, guérir, ou du moins mettre toutes mes forces dans la bataille est un devoir et une preuve d'amour à son égard.

Encore une fois, elle m'a donné cette chance unique d'être diagnostiquée à temps. J'avais beau être rigoureuse avec mon suivi gynécologique, j'aurais pu, comme beaucoup d'autres femmes jeunes pour qui la mammographie n'est pas recommandée, recevoir un diagnostic bien plus tardif, qui aurait assombri mon pronostic.

Je pense aussi beaucoup à ma propre mère, aux moments privilégiés que nous avons partagés, elle et moi, tout au long de ma vie. Aux confidences que je ne pouvais faire qu'à elle, aux activités que nous avons faites ensemble, à la façon dont elle m'a aidée à grandir, à m'épanouir, à surmonter mes premiers chagrins d'amour ou d'amitié. Tout comme ma mère a toujours été là pour moi, il est hors de question que je ne sois pas présente lors des moments clés de la vie de ma fille, et que je lui impose de grandir avec ce manque.

Je n'avais déjà pas l'envie d'abandonner, à présent, je n'en ai pas le droit.

Bien sûr, il est humain de craquer. Chaque fois que je me sens fléchir, c'est à Léna-Rose que je pense pour me relever. Elle est ma source d'énergie, mon booster, mon moteur. L'amour et le soutien de mon conjoint, de ma famille et de mes proches ont été essentiels, mais la présence d'un bébé apporte à l'impératif de guérir une tout autre dimension.

Le bout du tunnel

« C'est en revenant à un endroit où rien n'a bougé qu'on réalise à quel point on a changé. »
Nelson Mandela

Les cures de Taxotere s'achèvent début juillet. La première aura été la plus dure, peut-être parce que ses effets secondaires ravageurs m'ont prise au dépourvu. Les suivantes ne sont pas faciles non plus (pour le dire de façon modérée, car en réalité, la simple idée d'y retourner me met dans tous mes états), mais curieusement, alors que mon corps est affaibli par ces mois de chimio, la toute dernière cure s'avère finalement la plus supportable.

Est-ce précisément le fait de savoir que c'est la dernière fois que je dois serrer les dents qui me permet de mieux tenir le coup ? Je ne le saurai jamais, toujours est-il que, sans être au mieux de ma forme, je la vis un peu moins mal.

Quoi qu'il en soit, le rouleau compresseur des « grosses chimios » est enfin derrière moi. Je n'ai plus de cils et de sourcils, mais mes yeux sont moins secs, les aphtes disparaissent, mes jambes commencent à dégonfler et mes cheveux, qui repoussaient façon petit poussin ou kiwi, reprennent doucement de la vigueur – c'est un soulagement de les voir revenir bruns comme avant, sans fils blancs, souples et brillants.

L'étape suivante, prévue trois semaines plus tard – le temps de laisser la chimiothérapie agir encore sur la tumeur –, sera l'opération. Je l'anticipe avec sérénité, d'abord parce que le plus dur est passé (même si je ne suis pas encore en grande forme), et surtout parce que je sais que les traitements ont été efficaces : à ma dernière IRM, réalisée lors de mon avant-dernière chimio, la tumeur avait régressé au point de n'être plus visible à l'imagerie. Je suis à peu près certaine que l'ultime cure de Taxotere lui a porté le coup de grâce, ou du moins l'a mise pratiquement KO.

Dans ma tête, j'ai gagné.

C'est donc confiante, et même soulagée, que je me lève aux aurores ce matin d'été pour me rendre à l'hôpital, me sentant d'attaque pour le prochain round.

Distraitement, je jette un œil à mon fil Instagram, rempli de photos d'aéroports, de plages et de cocotiers, de filles bronzées, en pleine santé, sirotant des cocktails colorés. Je peux presque entendre le bruit des vagues et sentir l'odeur de la crème solaire. Ah oui. Nous sommes le 30 juillet, j'avais presque oublié. Dans une autre vie, c'est le genre de photos que j'aurais pu poster, insouciantes et légères. J'ai l'impression d'avoir basculé dans un autre univers, à des années-lumière de celui qui défile sur l'écran de mon portable. Dans mon univers, il est 5 heures du matin et je vais prendre une douche à la Bétadine avant de foncer à l'Institut Curie.

Mais aujourd'hui, cocotiers ou pas, moi aussi j'ai le cœur léger.

À vrai dire, j'ai toutes les raisons de me réjouir. Le chirurgien m'a bien expliqué : l'opération – une mastectomie partielle, aussi appelée « tumorectomie » – consiste à m'enlever ce qui pourrait rester de la tumeur, et la reconstruction mammaire sera réalisée dans la foulée. Sitôt l'ablation effectuée, on me posera des prothèses dans les deux seins, pour éviter l'effet « Laurel et Hardy » et obtenir un résultat harmonieux.

Non seulement je n'y vois que du positif (plus de tumeur et de jolis seins), mais de toute façon, après ces six mois de chimiothérapie, plus rien ne me fait peur : le plus dur est derrière moi, et à côté, le reste n'est à mes yeux qu'une formalité.

L'opération doit se dérouler en ambulatoire, autrement dit, j'entre à l'hôpital le matin et j'en sors dans la journée.

Avant l'intervention proprement dite, on me fait ce que l'on appelle une « exérèse du ganglion sentinelle ». Ce qui signifie, en bon français, identifier les ganglions axillaires (de l'aisselle) les plus proches de la tumeur, susceptibles de contenir des cellules cancéreuses, puis les prélever pour les analyser. Dans mon cas, l'analyse ne révèle aucune anomalie.

L'opération se passe bien et, comme prévu, je peux sortir le soir même, affublée d'un énorme bandage autour du torse qui me donne l'impression d'être une momie échappée du département des antiquités égyptiennes du Musée du Louvre.

En effet, comme je l'avais anticipé, à côté des effets secondaires des dernières chimiothérapies, les suites de l'opération m'apparaissent comme une aimable plaisanterie. J'ai bien quelques douleurs, du mal à prendre ma douche et à m'habiller sans aide, et l'obligation de porter un soutien-gorge adapté qui me comprime la poitrine, mais c'est sans commune mesure avec ce que j'ai traversé auparavant.

La seule véritable contrainte, qui me mine le moral, est l'interdiction de porter Léna-Rose dans mes bras. Je peux la prendre sur mes genoux, mais c'est compliqué, car à cinq mois, elle pleure et s'agite parfois beaucoup lorsqu'on lui donne le biberon, si bien qu'Antony doit à nouveau me relayer.

Cependant, dans ces moments-là, quand la déprime ou le découragement me gagnent, je me raccroche à l'idée qu'elle est là. Je ne peux peut-être pas la prendre dans mes bras ou m'occuper d'elle comme je le voudrais, mais je mesure ma chance non seulement de pouvoir être là pour elle, mais surtout qu'elle fasse partie de ma vie, alors que certaines femmes ne pourront jamais être mères à cause du cancer. Je n'ai dû faire le deuil « que » de l'allaitement, ce qui paraît finalement bien anodin quand d'autres doivent faire le deuil de la maternité.

Si dans l'ensemble, cela va beaucoup mieux, le contrecoup de l'opération n'en reste pas moins rude. Épuisée, j'ai l'impression d'être une éponge que l'on a pressée et tordue en tous sens, littéralement essorée. C'est comme si, alors que je touche déjà du doigt la sortie du tunnel, je me prenais en pleine face le train des sept mois qui viennent de s'écouler : le choc psychologique de l'annonce du cancer en janvier, les allers-retours à l'hôpital, les examens, les mammo, écho, IRM, PAC, TEP-scan – tous ces noms barbares que je connais maintenant par cœur ! –, les huit chimios (et la crainte de repartir pour un tour), le choc de la perte des cheveux, l'accouchement, Léna-Rose que j'aime plus que tout mais qui me demande beaucoup d'énergie, les médicaments, les prises de sang, les injections, la mastectomie...

J'ai désespérément besoin de repos, de couper avec les traitements et de retrouver ma vie. Puis le dernier wagon s'éloigne, les effets de l'opération s'estompent et je parviens à me ressaisir. Je suis en vie.

Godzilla à la rescousse

« N'aie pas peur d'avancer lentement.
Aie peur de rester immobile. »
Proverbe chinois

L'opération a eu lieu fin juillet et j'ai rendez-vous à Curie un mois plus tard avec le chirurgien, puis avec mon oncologue, pour faire le point sur les résultats de l'anatomopathologie – connue sous le doux nom d'« anapath » –, c'est-à-dire l'analyse des tissus biologiques et des cellules pathologiques prélevées à l'emplacement de la tumeur lors de la mastectomie.

Hypothèse optimiste : la tumeur a entièrement disparu et le traitement consistera en une thérapie ciblée contre le HER2 (Herceptin ou trastuzumab, un anticorps dit « monoclonal » – fabriqué spécifiquement pour cibler une maladie), sous la forme d'une piqûre toutes les trois semaines, pendant un an.

Hypothèse pessimiste et néanmoins plus réaliste : il reste des cellules cancéreuses dans les tissus retirés lors de l'opération et je suis bonne pour reprendre la chimiothérapie (le Kadcyla, un mélange de chimio et d'Herceptin) pendant une dizaine de mois.

Toutes proportions gardées, l'attente, de plusieurs semaines, me rappelle celle que j'ai vécue après ma biopsie et me replonge dans des souvenirs plutôt désagréables.

Comme toujours lors des rendez-vous sensibles, Antony est à mes côtés. Cette fois, il s'agit donc de savoir si c'est enfin le bout du tunnel ou si j'ai droit à un supplément chimio. Autant dire qu'après la façon dont j'ai vécu les dernières cures, c'est un extra dont je me passerais bien.

Après deux heures d'attente, nous ne sommes finalement pas reçus par le professeur qui m'a opérée, appelé en urgence au bloc, mais par une chirurgienne, qui (c'est elle qui me l'apprend, car je ne l'ai pas rencontrée ce jour-là) était présente lors de l'opération.

Elle nous accueille en silence, avec un visage fermé qui ne me dit rien qui vaille. Cependant, contrairement à la radiologue qui m'a donné le verdict des mois plus tôt, elle ne tourne pas autour du pot, et après avoir rapidement examiné mes cicatrices, m'annonce sans détour qu'il reste des cellules cancéreuses et qu'il va donc falloir « adapter le protocole ». Autrement dit, reprendre les chimios. Sans me laisser le temps d'ouvrir la bouche, elle conclut :

– Vous allez voir votre oncologue juste après, il vous expliquera.

– Mais... ça va durer combien de temps, et est-ce que... ?

– Une dizaine de mois. Vous verrez ça avec votre oncologue.

J'insiste, essayant de lui soutirer davantage de détails – jusqu'à quand cela devra durer, où se dérouleront les séances, quels sont les effets secondaires du produit, etc. Après tout, je viens de passer deux heures dans une salle d'attente, elle peut bien m'accorder un peu plus de cinq minutes. Mais c'est peine perdue : « C'est votre oncologue qui va vous dire tout ça », c'est tout ce que j'obtiendrai.

Le rendez-vous avec l'oncologue n'a lieu qu'une heure et demie plus tard. Dans ces circonstances, l'attente me paraît interminable, à l'image du tunnel qui s'étire devant moi, dont l'issue s'éloigne soudain à toute allure.

Rationnellement, je sais que la tumeur a presque disparu, qu'on va bien finir par en venir à bout, que les chimios qui vont suivre n'auront rien à voir avec les précédentes. La chirurgienne me l'a dit et répété : contrairement aux chimios précédentes, véritables bulldozers qui détruisent tout sur leur passage, celles-ci sont ciblées, préventives, destinées à éliminer ce qui reste de cellules cancéreuses. Il n'empêche que c'est un coup dur, et mon premier réflexe est d'aller me cacher dans une cage d'escalier pour pleurer.

Comment peut-il y avoir encore des cellules cancéreuses alors que cela fait plus de six mois que je subis des chimios dévastatrices ? Comment des cellules peuvent-elles résister à ces traitements de choc qui me mettent à terre ?

J'y croyais dur comme fer. J'étais sincèrement persuadée d'être débarrassée de cette saloperie. Après tout ce que j'ai vécu, après l'espoir des bons résultats de l'IRM, c'est la douche froide.

Dépitée, après une heure et demie à cogiter, je rejoins le bureau de mon oncologue avec une appréhension que je n'avais pas en arrivant. Lui, en revanche, comme à son habitude, est souriant et posé, et tient d'emblée à me rassurer. Avec calme et pédagogie, il me fait comprendre que l'anapath a certes révélé qu'il restait des cellules cancéreuses dans l'échantillon de tissus prélevés, mais que, *primo*, cela ne signifie pas nécessairement qu'il en reste en dehors, et que *secundo*, dans le cas contraire, la nouvelle chimio, administrée toutes les trois semaines, comme les précédentes, aura pour but d'éradiquer toutes les petites cellules cancéreuses qui pourraient subsister dans mon corps.

– Il faut voir cette nouvelle chimio comme une chance. Il y a quelques années, ce traitement n'existait pas.

Il s'agit selon lui d'une molécule de chimiothérapie couplée à une thérapie ciblée qui est généralement bien tolérée par les patients. Ce produit, le Kadcyla, fonctionne comme une sorte de cheval de Troie qui se glisse dans les cellules cancéreuses récalcitrantes et les « dégomme » de l'intérieur, sans s'attaquer aux cellules saines.

En somme, le Kadcyla (que Fanny et moi prendrons bientôt l'habitude de surnommer « Godzilla » – la redoutable créature qui va définitivement mettre le crabe KO) va « nettoyer » mon organisme bien proprement, sans mettre le bazar partout à côté.

Cependant, une question me trotte dans la tête.

– Mais comment est-ce qu'on pourra savoir, à la fin des chimios, si le traitement a marché, s'il n'y a vraiment plus de cellules cancéreuses ? On m'a enlevé ce qui restait de la tumeur pendant l'opération, donc on ne peut plus faire de biopsie, non ?

Il hoche la tête.

– En effet.

– Mais alors, comment on pourra savoir si le Kadcyla a bien fonctionné ?

Il marque une courte pause, et me répond en souriant :

– On ne peut pas.

Sidérée, je lui fais répéter, et il se contente de me donner la même réponse : « On ne peut pas. »

Il m'explique que le seul moyen de le savoir sera de me soumettre à un contrôle régulier, tous les quatre mois d'abord, puis tous les six mois. S'il reste des cellules cancéreuses après la cure, je finirai par l'apprendre dans plusieurs années, le temps qu'elles reforment une tumeur. Si cela ne se produit pas dans les cinq ans, alors je serai considérée comme guérie.

C'est donc à la fois frustrée et rassérénée que je sors du rendez-vous. Frustrée, parce que je n'ai aucun moyen de connaître l'efficacité du traitement. Rassérénée, car mon oncologue m'a bien fait comprendre que je dois envisager cette thérapie comme une puissante alliée qui va me permettre de reprendre le cours de ma vie et (détail non négligeable) laisser mes cheveux repousser tranquillement, car elle n'a pas d'effet sur eux. Autre bonne nouvelle – je n'en ai pas reçu autant depuis longtemps ! –, les cures pourront être réalisées à domicile, avec l'aide d'une infirmière. Et puis ce sera l'occasion de renouer avec le concept « une chimio, un cadeau » (non pas que les chimios m'avaient manqué, mais quitte à en reprendre pour quelques mois, autant me faire plaisir).

Parallèlement aux chimios préventives, je débute la radiothérapie, pour un total de vingt-huit séances quotidiennes, étalées sur six semaines. Heureusement, à ce moment-là, Léna-Rose est gardée par l'assistante maternelle que nous avions choisie des mois plus tôt, au tout début de ma grossesse. Habituée à changer d'environnement, à voir différents visages, elle s'adapte d'ailleurs remarquablement bien.

Chaque jour ou presque, du lundi au vendredi, je me rends à l'Institut Curie Saint-Cloud, plus proche de mon domicile que Curie Paris. C'est fastidieux et fatigant, mais au moins, ce n'est pas douloureux (ou presque).

Avant de démarrer la radiothérapie, on me fait un scanner de position et on prend des mesures : tout est calculé au millimètre pour que les rayons ciblent précisément la zone où se trouvait la tumeur afin d'éradiquer les éventuelles dernières cellules cancéreuses qui auraient pu résister à la chimio et à la chirurgie, et ainsi de limiter le risque de récidive. On me dessine donc des repères au marqueur sur le corps, mais aussi des « points de radiothérapie » – de minuscules points tatoués entre les deux seins et sur les côtés de la poitrine.

Allongée sur une table torse nu, les mains en l'air tenant une barre métallique, je reste une vingtaine de minutes parfaitement immobile, écoutant les instructions qu'on me donne par le haut-parleur – « Inspirez à fond. Bloquez... expirez ! » (ma tumeur étant du côté gauche, je dois gonfler mes poumons au maximum pour protéger mon cœur des rayons) – pendant que la machine vrombit autour de moi. De temps à autre, elle émet un ding semblable à celui du bouton d'appel de l'hôtesse dans l'avion, que je m'attends presque à voir arriver.

Seule dans cette pièce où il fait un froid glacial, j'ai parfois le sentiment d'être un cobaye de laboratoire, qui s'efforce de faire ce qu'on lui dit – même la semaine où j'attrape le Covid, qui me donne des frissons et une toux de tous les diables !

Les premiers temps, on ne sent strictement rien, comme si le rayonnement ne produisait aucun effet tangible. C'est au fil des séances que la peau chauffe, rougit, voire cloque. Certaines femmes subissent de véritables brûlures à la suite de la radiothérapie, mais pour ma part, je la supporte plutôt bien, même si j'ai comme des « coups de soleil » lors des cinq dernières séances, et une sensation de « flamme » à l'intérieur du sein, comme si on y craquait une allumette.

Sur les conseils, entre autres, de ma kiné du sein, je fais alors appel à un coupeur de feu, dont la technique consiste à magnétiser des mouchoirs jetables, que je place dans mon soutien-gorge pour soulager la douleur. À mon grand étonnement, la sensation de brûlure disparaît. Même mon oncologue, qui est pourtant un homme des plus cartésiens, ne peut expliquer ce résultat, mais il me croit sur parole quand je lui rapporte que cela fonctionne. Il a eu des retours similaires d'autres patientes et m'encourage à continuer tant que ça peut me soulager.

Naturellement je ne manque jamais d'hydrater ma peau quelques heures après la séance – jamais avant, car la crème produit un effet loupe susceptible d'aggraver la brûlure –, le temps que l'action des rayons soit passée.

Quoi qu'il en soit, malgré ces inconvénients somme toute mineurs (en tout cas à côté de tout ce que j'ai vécu), ces six semaines passent vite et me rapprochent de la rémission partielle – à ce stade, comme me l'a expliqué l'oncologue, on ne peut en effet pas encore parler de guérison.

Encore une fois, à l'issue de cette première phase, soit toutes les cellules cancéreuses ont été éradiquées par l'action conjointe des chimiothérapies, de l'opération et de la radiothérapie, soit quelques-unes ont survécu. Mais dans un cas comme dans l'autre, il sera impossible d'en avoir la certitude immédiatement, car l'absence de signes de la maladie ne signifie pas nécessairement que le cancer a été éliminé : s'il reste des cellules cancéreuses dans le corps, on estime qu'il faut environ cinq ans pour qu'elles s'assemblent et reconstituent une tumeur détectable au TEP-scan et à la mammographie.

C'est pourquoi, en prévention, on me prescrit un traitement d'hormonothérapie qu'il me faudra prendre pendant cinq années. Au bout de deux ans, je pourrai éventuellement l'arrêter temporairement si je souhaite faire un autre enfant. Là encore, les effets secondaires sont propres à chaque patiente – dans mon cas, il n'occasionne guère plus qu'un peu de fatigue, mais pour d'autres, les effets indésirables peuvent être bien plus gênants. On a le sentiment que c'est simple, car il ne s'agit que de prendre un comprimé tous les jours, pourtant c'est un traitement assez lourd qui n'a rien d'anodin, en plus de venir quotidiennement nous rappeler, des années durant, notre statut de malade.

Au bout de ces cinq années, si aucune tumeur ne s'est reformée, alors on pourra parler de rémission complète, c'est-à-dire de guérison.

Pour l'heure en tout cas, sans préjuger de l'avenir, on dirait que je vois enfin bel et bien le bout du tunnel.

Une nouvelle version de moi-même

« Le changement n'est jamais douloureux.
Seule la résistance au changement l'est. »
Bouddha

La maternité représente un changement de vie pour n'importe qui, mais ce que je traverse s'apparente davantage à un bouleversement, un tremblement de terre, un périple en pleine tempête pour arriver sur des rivages inconnus.

Il y a moins d'un an, j'étais une jeune femme amoureuse et sans enfants, en pleine santé (autant que mes horaires me le permettaient), travaillant à la télévision, accoutumée à un univers de strass et de paillettes, entourée de professionnels chargés de me maquiller et de m'habiller. Me voici aujourd'hui toujours amoureuse (encore plus), désormais maman et malade, attendant que mes cheveux repoussent, consacrant tout mon temps à m'occuper d'un bébé et à combattre un ennemi invisible.

C'est peu dire que je me demande ce qui m'attend une fois que je serai guérie. Car, même si j'ai parfois douté, si j'ai été au bord de flancher, il n'a jamais été question de laisser le cancer remporter la moindre victoire, *a fortiori* maintenant que je suis maman. Avec un ennemi comme celui-là, c'est tout ou rien.

À l'approche de ma reprise du travail, prévue fin février, avec des horaires adaptés (et non décalés !), les questions se bousculent dans ma tête. J'exerce un métier d'image, or celle-ci a été sacrément malmenée ces derniers temps. Comment va-t-on m'accueillir dans les studios, à l'écran ? Car je ne suis plus la même. Ou plutôt si, mais dans une nouvelle version, avec une nouvelle vie, une nouvelle apparence, de nouvelles envies. Une Virgilia avec plus de cicatrices et moins d'innocence.

Cette nouvelle donne, il faut que je l'intègre à ma vie privée, familiale, professionnelle.

Comme toutes celles et tous ceux qui ont traversé l'épreuve du cancer et qui s'en sont sortis, je me pose de nombreuses questions sur cet avenir qui est désormais de nouveau devant moi. Je m'interroge sur une possible reconversion – un métier moins exposé, plus reposant, peut-être ? –, mais ça me passe aussi vite que cela m'a prise. Non, j'aime ce métier, ses enjeux me tiennent à cœur, et c'est là que je suis heureuse et que je m'épanouis. La météo me passionne et j'ai envie de continuer de sensibiliser le public sur le changement climatique de manière bienveillante et pédagogique. Dès que j'ai un moment, en plus des livres de développement personnel qui me font du bien, je me plonge d'ailleurs dans des ouvrages sur la météo et le climat pour rester dans le bain.

Et puis, d'un point de vue plus intime, reprendre mon métier d'avant fait partie de mon processus de guérison, de reconstruction. Même si j'ai conscience qu'il y aura un avant et un après, l'idée de retourner travailler, de retrouver une vie professionnelle et donc aussi sociale, me fait le plus grand bien.

Bien entendu, j'appréhende de revenir à l'antenne physiquement transformée, mais très vite, mes craintes s'évanouissent et font place à de l'excitation, comme celle que l'on ressent face à la nouveauté. Et puis, après une épreuve comme le cancer, mes peurs d'autrefois me paraissent bien futiles, tout comme les petits problèmes des uns et des autres, qui parfois me donnent l'impression de se plaindre pour un rien.

De fait, je constate rapidement que rien n'a changé : l'atmosphère des studios est la même, les discussions entre collègues aussi, et les coiffeurs s'occupent aussi bien des vrais cheveux que des postiches – ils s'attachent même à me montrer que l'on peut aussi s'amuser avec des cheveux courts.

Même si je m'assume aujourd'hui sans perruque, je tiens à la porter à l'antenne dès le début, sans en faire une affaire d'État ni un secret, pour contribuer à la banaliser auprès du grand public.

Ne nous voilons pas la face : aujourd'hui encore, l'alopécie féminine reste un sujet largement tabou, et admettre que l'on porte une perruque suscite le malaise, voire un certain rejet. Combien de fois ai-je entendu, de la part de personnes qui n'auraient rien remarqué si je ne le leur avais pas dit : « Oh, mais pourquoi tu portes ce truc? Quand même, on voit bien que ce ne sont pas tes vrais cheveux! »

Il y a une sorte d'injonction contradictoire consistant à exiger des malades de dissimuler leur crâne chauve – synonyme de cancer –, tout en sous-entendant que le port de la perruque serait une coquetterie inutile, voire un signe de déni face à la maladie.

Mais ne pourrait-on pas laisser aux premières intéressées la liberté de décider? Quand le cancer vous tombe dessus, il ne vous laisse pas le choix, alors le peu de marge de décision qui vous reste est précieuse, et l'apparence en fait partie.

Prendre soin de soi n'a rien de futile, et l'hôpital l'a bien compris : les socio-esthéticiennes de l'Institut Curie, qui nous apprennent à nous maquiller lorsque nos cils sont tombés, redonnent un peu de couleurs à nos visages blafards et gonflés par la cortisone, massent nos jambes endolories, ont un véritable rôle de soignantes. Elles améliorent le quotidien des patientes, leur confort de vie et leur bien-être – et ce faisant leur moral.

Garder un semblant de maîtrise sur son apparence n'est ni une coquetterie ni une forme de déni, mais une façon de faire un pied de nez à la maladie et de rester soi-même, avec ou sans perruque.

C'est d'ailleurs pourquoi je tiens aussi, dès lors que mes cheveux commencent à repousser, à me montrer à l'antenne sans perruque.

Le fait est que, depuis qu'il a fait irruption dans ma vie, le cancer a bousculé de nombreuses certitudes, parmi lesquelles ma vision de la féminité. Pour moi qui ai toujours porté les cheveux très longs, et qui n'apparaissais jamais à l'écran qu'en robe et talons, j'ai longtemps cru, naïvement, qu'on ne pouvait pas être féminine autrement. Il a fallu cette épreuve pour comprendre que j'étais dans l'erreur, et que la féminité est d'abord une attitude, une manière d'être, qui ne se mesure pas au nombre de centimètres de cheveux que l'on a sur la tête.

Témoigner

> *« Vous ne pouvez pas changer ce qui se passe autour de vous, mais vous pouvez changer votre réaction à cela. »*
>
> **Viktor Frankl**

De plus, un autre enjeu, qui dépasse mes préoccupations personnelles, s'ajoute désormais à tout cela. Au lieu de me demander comment on va m'accueillir à l'écran, je vois dans mon retour l'occasion de faire passer un message, d'utiliser ma modeste notoriété pour sensibiliser le public à ce que vivent les personnes touchées par le cancer et faire de la prévention.

Quand le cancer m'est tombé dessus, je ne savais pas vers qui me tourner : personne dans ma famille ni parmi mes amies n'avait connu cette maladie. Alors j'ai pris mon courage à deux mains et j'ai contacté Évelyne Dhéliat (que j'avais croisée quelquefois à l'occasion d'événements météo, sans avoir jamais vraiment osé l'aborder devant les autres, de peur de passer pour une groupie), marraine de l'association Ruban Rose, que j'avais entendue évoquer sa propre expérience du cancer du sein. Elle a été la première à m'inciter à m'exprimer publiquement, comme elle-même l'a fait plus tardivement, le sujet étant encore tabou il y a quelques années. Elle m'a expliqué que sa prise de parole avait déclenché une avalanche de réactions positives de téléspectatrices la remerciant d'avoir levé le voile et parlé sans honte de la maladie.

Elle a raison : dès l'annonce de mon cancer sur les réseaux sociaux, puis après mon intervention sur BFMTV, les messages ont afflué pour me soutenir et m'encourager à m'exprimer.

Les temps ont changé, et le tabou qui entourait autrefois cette maladie a laissé place à la conscience qu'il est urgent d'agir, de parler, de dire les choses telles qu'elles sont.

L'immense écho qu'a rencontré le podcast de Clémentine Vergnaud, où la jeune journaliste de France Info évoquait à voix nue, pendant seize épisodes d'une dizaine de minutes, le cancer des voies biliaire dont elle souffrait, est le signe que la parole des patients est non seulement audible, mais indispensable. Grâce à elle, des milliers de malades se sont sentis mieux compris. Justes et sensibles, ses mots s'adressent aussi bien aux personnes directement concernées qu'à leur entourage et aux soignants – autrement dit à tout le monde, car personne n'est à l'abri.

Le nombre de cancers est en augmentation, en particulier chez les personnes jeunes, et tout le monde peut être touché, les anonymes comme les célébrités. Aujourd'hui, ces dernières n'hésitent plus à utiliser leur notoriété pour se faire les porte-parole de ce combat, à évoquer leur parcours à la télévision, à parler perruque, mastectomie ou chimio sur leurs réseaux sociaux, à montrer les conséquences de la maladie sur leur corps, quitte à bousculer leur image habituellement si maîtrisée.

L'époque où Yves Mourousi, qui présentait le journal télévisé avec Marie-Laure Augry, donnait les explications les plus fantaisistes aux absences de sa consœur à l'antenne, appartient heureusement au passé.

Désormais, le cancer n'est plus un secret, une « longue maladie » un peu honteuse contre laquelle il faudrait lutter seul, en catimini. C'est aujourd'hui un ennemi qu'il faut dénoncer haut et fort, pour le bénéfice de tous.

Il apparaît dorénavant clairement qu'une parole assumée peut changer les choses, et avoir un impact considérable sur le confort de vie des malades et même sur la santé publique. Pour preuve, l'explosion du nombre de dépistages après la médiatisation de la double mastectomie préventive d'Angelina Jolie, ou les réactions du monde entier lorsque Kate Middleton a annoncé sans fard se battre contre un cancer.

On ne le répétera jamais assez : le cancer peut frapper n'importe qui, à n'importe quel moment de la vie, à n'importe quel âge. Enceinte, à trente-deux ans, avec pour seul symptôme cette petite boule dans le sein que je n'avais même pas sentie, tous les critères étaient réunis pour que je passe sous les radars du dépistage. Encore une fois, si ma gynécologue n'avait pas eu le réflexe de me palper, j'aurais sans doute été diagnostiquée trop tard. Sans tomber dans la paranoïa ou l'hypocondrie, il vaut mieux prévenir que guérir et, au moindre doute du médecin comme du patient, réaliser une échographie.

Le cancer est une maladie sournoise, qui avance à pas feutrés et tisse sa toile à bas bruit, face à laquelle la vigilance est de mise.

La fameuse petite phrase « Ça se soigne bien, un cancer du sein » est à double tranchant. Elle n'est pas fausse, bien sûr, mais d'une part, elle ne reflète en rien le vécu des malades (ça se soigne bien, oui, mais à quel prix !) et d'autre part, elle minimise la gravité de la maladie. Après tout, si « ça se soigne bien », à quoi bon se faire dépister ? À quoi bon s'autopalper ? À quoi bon donner pour la recherche ?

Car si le cancer du sein, effectivement, « se soigne bien » aujourd'hui, ce n'est pas par l'action du Saint-Esprit, mais parce que la recherche a permis de formidables avancées dans les traitements (cette thérapie ciblée dont j'ai bénéficié, par exemple, qui n'existe que depuis quelques années, et qui a un coût) et que les femmes sont désormais mieux informées.

Si, à ma modeste échelle, je peux inciter des gens à donner et surtout encourager d'autres femmes à se montrer vigilantes, y compris pendant leur grossesse, ce sera ma plus belle victoire sur la maladie.

S'élever

« Celui qui tombe et qui se relève est bien plus fort que celui qui ne tombe jamais. »
François Gervais

À l'heure où j'écris ces lignes, je ne suis encore qu'en rémission partielle. Mon traitement de chimiothérapie ciblée, qui s'est révélé (relativement) supportable, s'est achevé en juin 2024, et l'hormonothérapie est là pour prévenir les récidives. Cependant, pour réellement parler de guérison, il faudra que cinq années se soient écoulées sans qu'aucune tumeur cancéreuse ne se reforme.

Enfin, le gros du traitement est terminé : je suis bel et bien arrivée au bout du tunnel, mais je reste sur le seuil, prudemment, à quelques pas de la sortie.

Je ne connais pas encore l'après-cancer. Beaucoup de patients disent qu'il s'agit d'une période difficile, où l'on entend les autres se réjouir de notre « guérison », alors même que l'on est encore sous traitement d'hormonothérapie ou autre, avec cette épée de Damoclès, ce petit nuage gris qui flotte au-dessus de notre tête.

Même si j'essaie de rester positive et de faire en sorte que le soleil l'emporte, j'ai conscience que cette petite ombre plane et continuera de planer un certain temps.

Sans avoir de véritable recul sur la maladie, je mesure tout ce qu'elle m'a pris : une part de mon corps, de mon énergie, une année, la fin de ma grossesse, la possibilité d'allaiter ma fille, des amies, et ma naïveté et mon insouciance d'autrefois, qui me manquent déjà et que j'espère retrouver un jour.

Aujourd'hui, ma tête est sûrement moins dans la lune, mais elle est mieux accrochée sur mes épaules !

Aucun malade du cancer ne souhaite que la maladie le définisse, pourtant, malgré mes envies de reprendre mon existence là où je l'avais laissée, je sais bien qu'il y a un avant et un après. En quelque sorte, c'est une nouvelle vie qui commence.

Peut-être suis-je une indécrottable optimiste, mais j'ai le sentiment que d'une certaine façon, le cancer nous pousse à nous élever au-dessus de lui, à regarder plus loin, à élargir nos horizons. Et dès lors qu'on regarde au loin, on constate que la vie regorge de trésors, de projets, de moments qu'il ne tient qu'à nous de vivre à fond.

Comment ne pas croire en l'avenir avec Léna-Rose à mes côtés, qui me rappelle chaque jour que la vie est remplie de miracles et de promesses, de possibilités ? Que l'existence est certes capable du pire, mais aussi du meilleur, et que l'amour nous aide à tout affronter.

Lorsque je vois Léna-Rose grandir avec grâce et détermination, j'ai confiance en l'avenir. Depuis avant même sa naissance, elle a incarné la résilience, le courage et la persévérance. La victoire sur l'adversité, la puissance de la vie qui triomphe de tout : auprès d'elle, je sais que tout est possible. Elle est ma raison de croire en des lendemains lumineux, pour lesquels cela vaut la peine de se battre.

J'ai toujours un peu peur d'être trop positive et je ne veux surtout pas passer pour une superwoman, que je ne suis pas. Comme tout le monde, j'ai été très souvent au fond du trou, terrée chez moi sans vouloir sortir, terrorisée, isolée, tentée de baisser les bras au plus fort des chimios. Mais au fond de moi, une petite voix ne cessait de me répéter que ce n'était qu'une parenthèse désenchantée, qui ne durerait pas éternellement, et que ce serait la vie qui gagnerait à la fin.

Évidemment, on a beau voir le verre à moitié plein, concernant le cancer, la liste des points négatifs est très longue, et même interminable... Mais cette liste-là, je n'ai pas voulu la dresser.

Quand je songe à l'année qui vient de s'écouler, plutôt que d'établir un bilan sinistre qui me mettrait le moral à zéro, je préfère essayer de tirer des enseignements pour cet avenir qui est de nouveau devant moi.

Je n'oublie jamais que je ne dois pas ma survie à un quelconque « courage » ou à une volonté de fer – le cancer a vaincu des adversaires bien plus braves que moi –, mais à la chance d'avoir été diagnostiquée précocement et d'avoir pu bénéficier de traitements de pointe. Alors plutôt que de penser à la maladie comme à une « épreuve » que j'aurais remportée, je préfère la voir comme une expérience qu'il m'a été donné de vivre malgré moi, et qui, je l'espère, me rendra plus forte, meilleure.

Au lieu de culpabiliser en ressassant que je me suis ruiné la santé à force de tirer sur la corde sans écouter mon corps, au lieu de me demander pourquoi moi et pas les autres – pourquoi je suis tombée malade, pourquoi j'ai survécu... –, je me dis qu'il est temps d'être plus douce avec moi-même et les autres, moins exigeante. D'apporter ma petite pierre à la lutte contre la maladie.

Le statut de « rescapée », aussi fragile et aléatoire soit-il, n'en est pas moins une chance immense qu'il faut savoir saisir et dont je dois me montrer digne. Pour moi, pour Léna-Rose, pour les autres survivant(e)s et pour toutes celles et tous ceux qui ne sont plus là.

Pour qu'on finisse par faire la peau à ce foutu cancer, coûte que coûte, et que la vie l'emporte sur la maladie.

Petite histoire pour ma fille

Il était une fois, dans le royaume enchanté de la Vallée aux oiseaux, une petite princesse prénommée Léna-Rose.

Elle était le fruit de l'amour. Virgilia et Antony, ses parents, s'aimaient profondément et rêvaient d'un avenir radieux ensemble. Les doux vents de la vallée portaient avec eux leurs espoirs et leurs désirs, et leur rêve devint réalité lorsque Virgilia tomba enceinte d'une petite fille. Leur joie était incommensurable, et l'attente pour rencontrer leur précieuse Léna-Rose débuta, emplie de tendresse et d'excitation.

Cependant, comme le destin en décide parfois, la vie peut prendre des tournants imprévus... C'est ainsi que Virgilia et Antony découvrirent, bien plus tôt qu'ils ne l'avaient imaginé, que leur petite Léna-Rose, avant même de naître, était déjà une héroïne à part entière. Car grâce à elle, sa maman découvrit un terrible secret, qui allait changer leur destin à tous.

Virgilia était enceinte de cinq mois et demi de Léna-Rose, lorsque le destin leur réserva un immense défi. Lors d'un examen de grossesse, le médecin remarqua un détail inhabituel : une vilaine petite boule, qui s'était installée dans la poitrine de Virgilia. La boule n'avait rien à faire là, et le médecin apprit à la future maman qu'elle souffrait en réalité d'une maladie appelée « cancer du sein ».

Nichée au creux du sein de Virgilia, la boule poussait en silence, comme une mauvaise herbe, et elle aurait continué de grandir si Léna-Rose n'avait pas été là pour indiquer sa présence au médecin. Bien décidée à chasser cette intruse, Virgilia entreprit un long voyage, une odyssée dans laquelle elle n'était pas seule, car Léna-Rose se battait bec et ongles à ses côtés.

Ainsi, avant même sa naissance, la petite princesse Léna-Rose devint une véritable guerrière. Alors que sa maman recevait des traitements pour vaincre le cancer, Léna-Rose était là, partageant chaque moment avec elle, apportant sa force d'âme pour l'aider à combattre l'adversité.

Un beau jour, comme une grande, Léna-Rose décida qu'il était temps pour elle de venir au monde. Dès lors, la guerrière se mua en un bébé extraordinairement sage, un vrai trésor de douceur et de compréhension. Elle savait que sa maman avait besoin de repos et d'amour, et elle était là pour lui redonner le sourire, même dans les moments difficiles.

Car le combat était encore loin d'être terminé. Alors, Antony dit à Léna-Rose : « Ta maman doit guérir. Toi et moi, nous allons l'aider, pour qu'elle revienne plus forte que jamais. » Tandis que Virgilia se soignait, Antony s'occupa de Léna-Rose avec amour et attention. Il devint son protecteur et son confident, veillant sur elle avec dévouement et affection. Aidé du fidèle chien Looney, dont la présence joyeuse apportait de la lumière dans les moments sombres, il s'assura que Léna-Rose grandisse dans un environnement d'amour et de sécurité.

Au fil des mois, Virgilia poursuivit son combat contre la maladie.

Les traitements étaient fatigants, mais grâce à l'amour inconditionnel de sa famille, sa force intérieure s'accrut jour après jour, tandis que la vilaine petite boule, elle, rapetissait inexorablement.

Les sourires de Léna-Rose, ses rires et ses moments de joie étaient le remède le plus puissant. Et bientôt, la boule, de plus en plus petite, finit par disparaître complètement.

La princesse guerrière Léna-Rose grandit, et pour tous les habitants de la Vallée aux oiseaux, elle devint un symbole vivant de l'amour, du courage et de la guérison. Son histoire inspira tous ceux qui l'entouraient, rappelant que même dans les moments les plus sombres, la lumière de l'amour peut éclairer le chemin vers la guérison.

Et ils vécurent heureux, dans ce royaume où l'espoir et la force de la famille étaient les seuls véritables trésors.

Annexes

Tout au long de mon parcours de malade du cancer, j'ai rencontré des personnes formidables qui m'ont accompagnée et m'ont aidée à m'orienter sur ce chemin semé d'embûches. Sans ces mains tendues, l'épreuve aurait été encore plus difficile qu'elle ne l'a été.

Dès le début, j'ai tenu à m'inscrire, comme je le pouvais, dans cette chaîne de solidarité qui m'a tant apporté.

Dans ces annexes, j'ai regroupé quelques textes, adresses ou conseils qui me tiennent particulièrement à cœur et qui aideront, je l'espère, toutes les personnes touchées de près ou de loin par la maladie.

Un an après l'annonce de mon cancer, j'ai posté sur mon compte Instagram une « lettre aux nouveaux combattants », qui a suscité de nombreuses réactions positives, et dont ce livre est en quelque sorte le prolongement. Il m'a donc semblé tout naturel que ce petit texte y figure.

J'ai également compilé quelques adresses utiles – il y en a beaucoup d'autres, mais vous trouverez ici les coordonnées de boutiques et de marques spécialisées, et bien sûr d'associations auxquelles je vous invite à apporter votre soutien (ou en chercher).

Au cas où cela vous aurait échappé, je suis une grande gourmande (à défaut d'être un cordon-bleu). À l'occasion de mon opération, mon amie Fanny a eu la savoureuse idée de m'offrir ces « gâteaux *boobs* » que j'évoque page 113, et dont la photo a connu un franc succès sur Instagram. À la demande générale, je vous livre donc la recette !

Enfin, *last but not least*, ce qui est à mes yeux le plus important : autopalpez-vous ! Comme beaucoup de femmes, je n'avais pas ce réflexe, en partie car je ne me sentais pas concernée, mais surtout parce que je manquais d'éducation sur la question. L'autopalpation est le premier geste de prévention contre le cancer du sein, à réaliser à tout âge, entre deux visites chez son gynéco ou deux mammographies. C'est aussi un geste technique qui nécessite quelques connaissances : suivez le guide !

Pour continuer le combat, il faut aussi soutenir la recherche. Je vous remercie d'y participer en achetant ce livre car 1 € est reversé à Ruban Rose et, à titre personnel, j'ai aussi choisi de reverser une partie de mes droits d'auteur à une autre association qui me tient à cœur. Avec les avancées de la recherche, nous sommes plus forts !

Lettre aux nouveaux combattants

Ma chère sœur ou frère de combat,

Ce message s'adresse à toi, toi sur qui le cancer vient de jeter son dévolu. Il y a un an, j'étais à ta place. J'étais enceinte et j'entendais ces mots terribles que je n'oublierai jamais : « Les résultats ne sont pas bons. » « Oui, c'est un cancer. »

Je sais à quel point cette annonce vient de bouleverser ton monde, à quel point tout vient de s'effondrer autour de toi, à quel point tu te sens perdu(e). C'est pour cela que je t'écris cette lettre qui, je l'espère, saura t'apaiser.

Je connais les sentiments de peur, d'incertitude et de détresse qui t'habitent actuellement et je sais que tu te demandes comment tu vas réussir à franchir la montagne qui se dresse devant toi.

Je ne vais pas te mentir : oui, l'année que tu vas vivre ne sera pas simple, mais tu dois garder espoir. Aie confiance en toi, garde en tête que ceci n'est qu'une parenthèse désenchantée de ta longue et jolie vie, et que le soleil n'a pas disparu. Il est caché derrière ces quelques nuages noirs, mais il est bel et bien là. Il réapparaîtra.

Je vais te confier ce qui m'a aidée à ne pas sombrer. Il s'agit d'un simple mot : gratitude. La pratique de la gratitude ou, autrement dit, se focaliser sur ce qui est POSITIF. Cela a été ma clé pour ne pas m'effondrer. La gratitude nourrit l'espoir et la résilience et elle m'a aidée à me relever.

Avoir un cerveau optimiste et pratiquer la pensée positive n'est pas facile après une telle annonce, je te l'accorde, mais il y a forcément des choses pour lesquelles tu peux te montrer reconnaissant(e).

« Quand la vie te présente mille raisons de pleurer, montre-lui que tu en as mille de sourire. » Cette phrase a été un de mes mantras pour réussir à transformer cette épreuve en une précieuse expérience. J'ai décidé de voir ce défi comme une leçon de vie, un enseignement me permettant de grandir en tant que personne. Aborder la maladie de cette manière aide à l'affronter.

Sache que tu es fort(e), bien plus fort(e) que tu ne le penses. FAIS-TOI CONFIANCE. Tu as en toi une résilience incroyable, une force intérieure qui te permettra de traverser cette épreuve. Tu es une personne admirable, remplie de courage et de résilience. Même dans les moments les plus sombres, tu as la capacité de trouver la lumière et d'illuminer le chemin des autres. Tu vas y arriver. Crois en toi car tu as des ressources insoupçonnées. Tu es plus puissant(e) et plus courageux(se) que tu ne l'imagines. Ce qui t'arrive n'est pas une épreuve, c'est une expérience dont tu ressortiras grandi(e).

FAIS-TOI CONFIANCE. Le plan divin a ses secrets que le temps finit toujours par nous dévoiler. Tout est organisé pour une raison dont l'issue sera positive, et qui te mènera à quelque chose de beau.

Il est normal de ressentir de la peur, de l'angoisse et de l'incertitude face à cet ennemi qu'est le cancer. Mais je veux te rappeler que tu as en toi une force inébranlable, une détermination sans limite. Tu es capable de surmonter les moments les plus sombres et de trouver la lumière au bout du tunnel.

« Tourne-toi vers le soleil et l'ombre sera derrière toi. » Les jours où tu te sentiras découragé(e), rappelle-toi des moments où tu as surmonté des obstacles, des moments où tu as trouvé la force de continuer. Ces souvenirs sont une preuve tangible de ta capacité à résister et à te relever.

Prends le temps nécessaire pour te reposer, pour te ressourcer et pour te reconnecter avec toi-même. N'oublie pas que tu es avant tout une personne, bien plus qu'un simple diagnostic.

Les traitements sont éprouvants, physiquement et émotionnellement. Mais chaque jour est une victoire, chaque petite étape est un pas de plus vers la guérison. Crois en tes capacités et en ta faculté à te rétablir. N'oublie pas que celui (celle) qui tombe et qui se relève est bien plus fort(e) que celui (celle) qui ne tombe jamais.

Sache que tu es entouré(e) d'amour et de soutien. Ta famille, tes amis, tes proches sont là pour toi, prêts à te soutenir et à t'épauler dans cette épreuve. N'hésite pas à leur demander de l'aide, à leur parler de tes peurs et de tes préoccupations. Ensemble, vous pouvez traverser cette tempête.

Enfin, je veux te rappeler que tu n'es pas seul(e) dans ce combat. Nous sommes nombreux(ses) à nous battre, à lutter contre cette maladie. Ensemble, nous formons une communauté solidaire, une fraternité qui dépasse les frontières.

Je t'invite à te tourner vers cette communauté, à chercher du soutien auprès de tes frères et sœurs de combat. Nous sommes là. Tu n'es pas seul(e). Ne reste pas seul(e). Les réseaux sociaux et les associations peuvent être une source précieuse pour trouver des personnes qui comprennent réellement ce que tu vis. Partage tes peines, mais aussi tes joies, tes espoirs, car nous sommes là pour t'écouter, t'encourager et te soutenir à chaque étape de ton parcours. Ensemble, nous sommes plus fort(e)s.

Crois en toi, ma chère sœur, mon cher frère de combat.

Chaque jour est une opportunité de célébrer la vie et de savourer les petites joies qui se présentent à toi. Prends le temps de t'entourer de choses qui te font du bien, que ce soit la musique, la nature, l'art ou les moments de partage avec tes proches.

Sache que tu es une inspiration pour les autres. Ton courage et ta détermination sont une leçon de vie. Tu vas apprendre à ceux qui t'entourent à apprécier chaque instant et à ne jamais abandonner face à l'adversité.

En conclusion, ma chère sœur, mon cher frère de combat, je veux te dire que tu es aimé(e), soutenu(e) et admiré(e). Tu as en toi une force incroyable et je crois en toi. Bats-toi, ne lâche rien, crois en ta guérison et continue de trouver la beauté dans chaque jour. Nous sommes là pour toi, à chaque pas du chemin.

Avec tout mon amour et mon soutien,

Virgilia

Mon carnet d'adresses

LES ASSOCIATIONS :

Jeune & Rose
https://www.jeuneetrose.fr/
Ruban Rose
https://www.cancerdusein.org/
Ligue contre le cancer
https://www.ligue-cancer.net/
RoseUp
https://www.rose-up.fr/
Skin
https://associationskin.org/
Keep a Breast
https://keepabreasteurope.fr/

MES MARQUES PRÉFÉRÉES POUR LES PERRUQUES, FOULARDS OU FRANGES :

Les Franjynes
https://lesfranjynes.com/
Elite Hair
https://www.elite-hair.fr/
Indira de Paris
https://indiradeparis.com/

Sif & Loki
https://www.sifetloki.com/
Gigi Tolosa
https://gigitolosa.fr/
AfricanFabs
https://africanfabs.fr/

MES MARQUES COUP DE CŒUR POUR LES COSMÉTIQUES :

Même
https://www.memecosmetics.fr/
La Roche-Posay
https://www.laroche-posay.fr/produits/peau-et-cancer
Aroma-Zone
https://www.aroma-zone.com/
Avène
https://www.eau-thermale-avene.fr/toutes-les-familles/oncologie

Les « gâteaux *boobs* »

Voici la recette :

Pour 8 gâteaux
Temps de préparation : 1 h 30
Temps de repos : 7 h
Temps de cuisson : 15 min

Pour faire un « gâteau *boob* », il va falloir confectionner dans l'ordre le dôme, la base et le glaçage.
Voici les ingrédients dont vous aurez besoin pour ces trois étapes.

Pour les dômes de mousse au chocolat :
- 3 feuilles de gélatine
- 9 cl de lait
- 9 cl de crème liquide entière
- 4 jaunes d'œufs
- 190 g de chocolat noir
- 3,5 cl d'eau
- 100 g de sucre
- 50 g de blanc d'œuf
- 15 cl de crème liquide entière bien froide
- Huile pour les moules

Pour les palets de crumble au praliné :
- 60 g de beurre
- 20 g de cassonade
- 65 g de poudre de noisette
- 60 g de farine
- 85 g de chocolat noir
- 120 g de pâte de pralin
- 50 g de crêpes dentelles émiettées

Pour le glaçage miroir :
- 7 g de gélatine soit 3,5 feuilles
- 5,5 cl d'eau
- 105 g de sucre
- 105 g de glucose
- 60 g de lait concentré non sucré
- 135 g de chocolat ivoire ou Opalys
- Colorant rouge naturel

Et pour finir, de la pâte d'amande rose pour le mamelon et du sucre décoratif pour le téton !

Préparez les dômes de mousse au chocolat.

1. Réhydratez la gélatine dans de l'eau froide. Pendant que la gélatine ramollit, préparez une crème anglaise : faites bouillir le lait et la crème, puis versez délicatement sur les jaunes d'œufs battus, sans cesser de remuer. Cuisez le tout à feu doux dans une casserole en mélangeant continuellement jusqu'à ce que la préparation épaississe.

2. Hors du feu, ajoutez la gélatine essorée. Faites fondre le chocolat au bain-marie, puis incorporez-le au reste de la préparation. Réservez.
3. En parallèle, préparez une meringue italienne : dans une casserole, faites bouillir l'eau et le sucre jusqu'à 121 °C. Incorporez immédiatement ce sirop dans les blancs d'œufs préalablement montés en neige, tout en battant à pleine vitesse. Battez jusqu'à ce que la meringue ait refroidi.
4. Le moment est venu de procéder à l'assemblage des dômes ! Pour ce faire, incorporez délicatement la meringue italienne à la crème anglaise, puis ajoutez la crème bien froide montée en chantilly.
5. Versez la préparation dans des moules en silicone en forme de dômes légèrement huilés et placez-les au congélateur pendant au moins 3 h.

Préparez les palets de crumble au praliné pour la base.

1. Préchauffez le four à 150 °C.
2. Mélangez le beurre mou, la cassonade, la poudre de noisette et la farine pour obtenir une pâte à crumble sablonneuse.
3. Étalez-la sur une plaque recouverte de papier sulfurisé et enfournez pendant 15 min. À la sortie du four, cassez les gros morceaux à l'aide d'une fourchette et laissez refroidir.
4. Faites fondre le chocolat au bain-marie, puis ajoutez-y la pâte de praliné. Mélangez.
5. Incorporez le crumble froid émietté ainsi que les miettes de crêpes dentelles.

6. Tassez cette préparation au fond de cercles à pâtisser individuels sur une épaisseur d'environ 1 cm et réservez au frais pendant au moins 1 h avant de décercler.

Pour finir, réalisez le glaçage.

1. Réhydratez la gélatine dans de l'eau froide. Chauffez l'eau, le sucre et le glucose à 103 °C.
2. Faites fondre le chocolat au bain-marie, puis ajoutez-y le lait concentré et la gélatine essorée.
3. Versez le sirop dessus et mixez au mixeur plongeant.
4. Ajoutez le colorant pour obtenir une belle couleur chair.
5. Laissez le glaçage refroidir à 30 °C avant de l'utiliser.

Et nous voici à l'étape de l'assemblage final !

1. Placez les dômes sur une grille. Nappez-les avec le glaçage et laissez le surplus s'égoutter.
2. Placez chaque dôme sur un palet de crumble au praliné.
3. Ajoutez la pâte d'amande rose pour faire le mamelon et le sucre décoratif pour le téton (la cerise sur le gâteau, en quelque sorte).
4. Réservez au frais pendant au moins 3 h avant de servir.

Vos « gâteaux *boobs* » sont maintenant prêts à être dégustés !

L'autopalpation
ou l'art de devenir son propre médecin (entre deux rendez-vous annuels chez son gynécologue)

Voici un guide, étape par étape, pour vous aider à devenir une experte en palpation de soi (oui, c'est un truc de pro) !

Étape 1 : Préparez-vous à l'aventure
Choisissez un endroit calme et confortable, où vous pouvez vous détendre et vous concentrer sur votre corps (pas de télévision, pas de téléphone, pas de chat qui vous réclame à manger). Bref, mettez-vous à l'aise, car vous allez devenir votre propre médecin pour les dix prochaines minutes.

Étape 2 : Comprenez le principe
L'autopalpation, c'est comme une petite exploration de votre corps. Vous allez utiliser vos yeux pour observer et aussi vos doigts pour sentir les formes et les textures de votre peau et de vos tissus, en vous concentrant sur vos sensations. C'est un peu comme une séance de découverte de votre propre anatomie.

Étape 3 : Commencez par les seins

Commencez par les regarder pour vérifier qu'il n'y a rien d'inhabituel (rougeur, bosse, tache, lésion, écoulement...).

Levez un bras pour le placer derrière votre tête et placez ensuite les doigts de l'autre main sur votre poitrine. Palpez doucement, en dessinant des cercles avec vos doigts et parcourez de cette manière votre poitrine, des deux côtés. N'oubliez pas de vérifier les aisselles, c'est une zone importante ! Si vous avez des implants, n'hésitez pas à les palper également (au moins pour vous assurer qu'ils sont toujours là) !

Étape 4 : Passez aux ganglions

Les ganglions, ce sont ces petits nodules qui vous font dire « Ah, j'ai attrapé quelque chose ! » alors que vous avez juste besoin d'une bonne nuit de sommeil. Pour les palper, placez vos doigts sous vos aisselles et dans votre cou. Appuyez doucement en faisant des cercles pour sentir si tout est normal.

Étape 5 : Faites attention aux nodules

Si vous sentez des nodules ou des bosses anormales lors de votre palpation, ne paniquez pas ! (Pas tout de suite, en tout cas.) Notez simplement l'emplacement et la taille du nodule, et consultez un médecin si vous êtes inquiète.

Étape 6 : Faites-le régulièrement

L'autopalpation, c'est comme aller à la gym pour vous entretenir. Il faut le faire régulièrement pour maintenir une bonne forme physique... et détecter d'éventuels problèmes de santé avant qu'ils ne deviennent sérieux.

Voilà, vous avez maintenant les clés pour devenir une experte en autopalpation ! N'oubliez pas de vous examiner régulièrement et n'hésitez pas à consulter un médecin si vous avez des doutes ou des inquiétudes.

REMERCIEMENTS

Jamais je n'aurais imaginé être LA femme sur huit touchée par le cancer du sein. Et encore moins à la trentaine, alors que je portais la vie. Je tiens à exprimer ma gratitude envers toutes les personnes qui m'ont entourée de leur amour et qui sont montées à bord de ce train fou avec moi.

Merci à mon amoureux, Antony, pour sa présence constante et son soutien sans faille.

Merci à mes parents, les meilleurs du monde, pour leur soutien inconditionnel.

Je remercie également mon frère adoré ainsi que toute ma famille et mes amis, qui sont restés à mes côtés tout au long de ce parcours.

Je tiens à exprimer ma reconnaissance envers les professionnels de santé qui m'ont suivie :
Mon oncologue, qui est exceptionnel.

Mon incroyable obstétricienne, le Dr D., pour sa conscience professionnelle, et ma formidable gynécologue, le Dr Nathalie L., qui m'a suivie depuis mes quatorze ans.

Merci au Dr Chapelier pour son aide précieuse.

Merci au Dr Julie C. qui a rendu mes traitements plus doux grâce à ses petites aiguilles.

Merci au Dr Alain F. pour sa bienveillance et son professionnalisme.

Je veux également remercier toutes mes sœurs et tous mes frères de combat, avec qui le lien est indéfectible, ainsi que toutes les associations qui m'ont tendu la main, notamment Ruban Rose et Jeune & Rose.

Je remercie le RKS (Réseau des kinés du sein), notamment Dorothée, Martine et Emmanuelle, pour leur travail exceptionnel auprès des patientes.

Merci à l'Institut Curie et à ses formidables équipes pour leur dévouement.

Merci à Elite Hair, à Sif & Loki et aux Franjynes, qui m'ont permis de conserver une partie de mon identité et de restaurer ma confiance en moi.

Merci aux personnes que je ne connais pas, téléspectatrices et téléspectateurs, pour leur bienveillance.

Merci à la direction de BFMTV, des BFM régions et à mes collègues qui m'ont soutenue dès le départ et sont restés à mes côtés.

Merci à Judith Vernant pour son écoute et son aide lors de l'écriture de ce livre.

Merci aux éditions Leduc, et notamment à Florence Gazel de Rochegonde, pour avoir fait une place à cet ouvrage dans leur programme.

Et, au-delà de tous ces remerciements, je veux exprimer ma reconnaissance la plus profonde envers la vie et envers ma fille, qui me permet d'en profiter aujourd'hui. Sans elle, je ne serais peut-être pas là à présent pour écrire ces lignes.

Merci ma Léna-Rose de m'avoir sauvée...

TABLE DES MATIÈRES

Sommaire 7

Partie 1

Quand la vie bascule 11

Une petite boule... 13

... aux contours flous 16

Le couperet... 25

Pourquoi moi ? 30

Journaliste météo 37

Partie 2

Le parcours de la combattante 45

Je commence quand ? 47

Une montagne devant moi 54

La valse des rendez-vous 57

Mission perruque 67

Sœurs de combat 72

La première chimio 78

Des hauts et des bas 84

Porter la vie et la maladie 88

Une amie particulière 91

Ce n'est qu'un au revoir 93

L'entourage 100

Partie 3

Donner la vie 107

Dernière ligne droite.....................................109

Des femmes, des mères, des amies 113

Une rencontre..117

Léna-Rose.. 125

La maternité 126

Tenir le cap 132

Léna-Rose, toujours 139

Le bout du tunnel.. 143

Godzilla à la rescousse 147

Une nouvelle version de moi-même 156

Témoigner 161

S'élever 165

Petite histoire pour ma fille **169**

Annexes 175

Lettre aux nouveaux combattants 179

Mon carnet d'adresses 185

Les « gâteaux *boobs* » 187

L'autopalpation 191

Remerciements **195**

L'ASSOCIATION RUBAN ROSE

L'association Ruban Rose est une association d'intérêt général régie par la loi 1901, dédiée à l'information et au soutien à la recherche sur le cancer du sein.
En 1992, Evelyn H. Lauder, elle-même atteinte d'un cancer du sein, est à l'origine du symbole du ruban rose. En 1993, elle crée aux États-Unis la Breast Cancer Research Foundation (BCRF) afin de soutenir l'innovation en matière de recherche clinique et génétique sur le cancer du sein.
En 1994, Estée Lauder Companies France et le magazine Marie Claire lancent le mois de campagne de sensibilisation aux cancers du sein, nommé « Le cancer du sein, parlons-en ! ». Cette campagne deviendra une association en 2003, renommée Ruban Rose en 2020. En 2023, l'association Ruban Rose fête ses 20 ans (année de création de son statut juridique).
L'accomplissement des missions de l'association Ruban Rose s'étend tout au long de l'année, mais connaît son temps fort lors du mois de sensibilisation, Octobre Rose.

L'association Ruban Rose a deux missions principales :

- **Informer et sensibiliser sur les cancers du sein.** Le cancer du sein est une cause de santé publique qui touche une femme sur huit. C'est le cancer le plus fréquent chez les femmes. Il représente la première cause de décès par cancer chez celles-ci. La prise en charge précoce d'un cancer du sein de petite taille et dont les caractéristiques biologiques sont favorables, c'est 99 % de chances de guérison cinq ans après le diagnostic. Il est donc essentiel de sensibiliser, communiquer et aider la recherche sur le cancer du sein.

- **Financer des projets de recherche dédiés aux cancers du sein.** Chaque année, l'association Ruban Rose soutient des projets de recherche avec les prix Ruban Rose. En 2023, 1 850 000 euros ont été remis à dix projets de recherche sur le cancer du sein.

Avis des lectrices Leduc

« Sans tabous, Virgilia nous fait part de ses doutes, de ses incompréhensions face à un système de soins parfois absurde, de ses peurs pour sa fille, mais aussi de ses joies de future maman. »

@wendybqe

« Un livre plein d'espoir que je conseille à toutes et tous. »

@zen_la_lecture

« Bouleversant ! Un témoignage à la fois puissant et lumineux, une bouffée d'espoir. »

@cosy_rozy

« Être désemparée face à l'impensable, c'est humain et c'est ce que nous montre l'auteure ; un récit tout en pudeur et retenue, sans être larmoyant mais simplement juste et honnête. »

@lire_ma.passion

« Au fil des pages, j'ai ressenti les doutes, les peurs, et surtout, la rage de vivre de Virgilia. »

@leschroniquesdechloe

« Un témoignage nécessaire pour briser les silences et dire à toutes les femmes qui vivent la même chose "Vous n'êtes pas seules". »

Flora Voineau

Cet ouvrage est composé de matériaux issus de forêts
gérées durablement certifiées PEFC™.
Le Programme de reconnaissance des certifications
forestières (PEFC™) est le plus grand organisme mondial
indépendant de contrôle pour une gestion durable des
forêts. Pour en savoir plus, consultez le site
www.pefc-france.org

Achevé d'imprimer sur Roto-Page en septembre 2024
par l'Imprimerie Floch
53100 Mayenne
Dépôt légal : septembre 2024
N° d'impression : 105367

Imprimé en France